LEXIGUIDE DES ORCHIDÉES

ISBN pour cette édition : 978-2-7532-0419-5

ISBN 10 de l'édition originale : 3-89836-455-0
Textes originaux : Iris Schmidt

Réalisation : InTexte Édition, Toulouse
Traduction de l'allemand : Dominique Taffin-Jouhaud
Couverture : Aurore Bourbier

Imprimé en Chine

Achevé d'imprimer : mars 2011
Dépôt légal : 1er trimestre 2011

LEXIGUIDE DES
ORCHIDÉES

Avertissement

Certaines orchidées peuvent déclencher des réactions toxiques. L'auteur et l'éditeur déclinent toute responsabilité quant aux conséquences d'un mauvais usage de ces plantes.

Crédits photographiques

Jörn Pinske, Gransee : 170, 192, 231, 237, 253

Jürgen Röth, Flarchheim : 242, 246, 258

Wolfgang Redeleit, Bienenbüttel : 10, 17, 23, 30, 33, 36, 100-101

Okapia, Francfort : 7, 8, 13, 18, 20, 24, 27, 34, 38/39, 40, 43, 44, 47, 48, 51, 52, 55, 56, 61, 63, 64, 67, 68, 71, 72, 75, 76, 79, 80, 83, 84, 87, 88, 91, 92, 95, 96, 99, 106, 108, 109, 117, 118, 120, 122, 127, 131, 137, 139, 140, 144, 146, 149, 152, 156, 159, 163, 165, 169, 174, 177, 178, 181, 182, 184, 187, 188, 191, 197, 205, 209, 213, 216, 219, 223, 227, 228, 232, 235, 238, 241, 244, 250, 254, 266, 269, 270, 273, 274

Frank Hecker, Panten-Hammer : 58

Frank Hecker, Panten-Hammer/Dr. Rudolf König : 102, 105, 110, 113, 114, 125, 128, 132, 135, 143, 151, 155, 160, 166, 173, 195, 198, 201, 202, 206, 210, 220, 224, 257, 261, 262, 265, 277

Sommaire

Le monde des orchidées

Histoire

L'histoire des orchidées commence en Asie bien avant notre ère chrétienne. Certains parchemins chinois et japonais datant de 500 avant J.-C. sont ornés des premiers dessins de ces fleurs. Dans l'empire du Milieu, les orchidées incarnaient la pureté et l'esprit de décision. Elles étaient vénérées et parées de qualités exotiques dans de nombreux récits.

Sur leur terre d'origine, les orchidées étaient fréquemment utilisées pour leurs vertus médicinales et servaient d'offrandes lors de cérémonies religieuses. En Europe, les orchidées locales étaient bien connues des philosophes de la nature et des guérisseurs. Le nom « orchidée » se rapporte au concept *orchis*, mot grec qui désigne les testicules. Il est non seulement associé à la forme des racines tubéreuses des orchidées terrestres connues à cette époque, mais aussi à la force thérapeutique qui leur était prêtée. Au Moyen Âge, quand un homme voulait être certain d'avoir un héritier mâle, il jurait de se consacrer à la culture des orchidées, que l'on appelait la « plante des garçons ». Par ailleurs, l'orchidée trouvait aussi sa place dans les cuisines. D'ailleurs, les tubercules d'orchidées sont aujourd'hui encore utilisés dans certains plats méditerranéens. On les appelle « salep » et ils sont loués pour leur effet apéritif. Dans la médecine populaire, il était recommandé de mâcher le salep pour soigner les inflammations de la bouche, de la gorge, la toux, et certaines diarrhées, pour soigner les inflammations de la bouche ou de la gorge ainsi que la toux et certaines diarrhées.

Entre le XVIe et le XXe siècle, les marins des pays européens et des grandes nations commerçantes se sont lancés à la conquête de nombreux pays lointains. Ils y ont découvert des plantes encore inconnues sur l'Ancien Continent. Ces curiosités et délices alimentaires se retrouvaient uniquement sur les tables des princes. Ainsi, l'orchidée *Vanilla planifolia*, c'est-à-dire la vraie vanille, fut découverte par les Espagnols dès le XVIe siècle. Les Européens apprirent à apprécier cette épice utilisée par les Aztèques et la rapportèrent en Europe en même temps que le cacao, les pommes de terre et le paprika. Bien plus tard, les propriétés des orchidées intéressèrent les botanistes, et c'est au XIXe siècle que cette plante magnifique, d'origine surtout tropicale, nimbée d'une aura un peu mystique, fit son entrée dans les collections des commerçants riches et dans les cours royales.

Selon la légende, le début de la culture des orchidées

en Europe serait dû à un hasard. En 1818, une des plantes fut expédiée en Angleterre dans une caisse de lichen en provenance du Brésil, et fut remise à William Cattley, un botaniste amoureux des plantes. Elle éveilla son intérêt, il la soigna patiemment et fut récompensé de ses efforts par l'éclosion de fleurs extraordinaires, qui apparurent pour la première fois en 1824. Le végétal fut baptisé *Cattleya labiata* et fut désigné comme une espèce nouvelle.

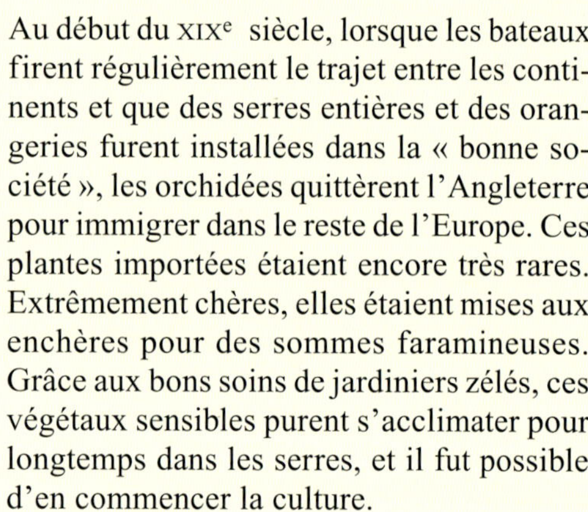

Au début du XIXe siècle, lorsque les bateaux firent régulièrement le trajet entre les continents et que des serres entières et des orangeries furent installées dans la « bonne société », les orchidées quittèrent l'Angleterre pour immigrer dans le reste de l'Europe. Ces plantes importées étaient encore très rares. Extrêmement chères, elles étaient mises aux enchères pour des sommes faramineuses. Grâce aux bons soins de jardiniers zélés, ces végétaux sensibles purent s'acclimater pour longtemps dans les serres, et il fut possible d'en commencer la culture.

Ce fut également l'époque où les nobles et les riches négociants consacraient un budget conséquent à la recherche de nouvelles orchidées. Les chasseurs d'orchidées en repéraient des milliers chaque année et les expédiaient en Europe, à tel point que les biologistes et les illustrateurs avaient bien du mal à tenir le rythme pour les décrire et les répertorier. Parmi les participants à ces expéditions se trouvaient des aventuriers et des chercheurs, les uns à la recherche d'un gain rapide, les autres en quête de succès, de gloire et d'honneurs. Le nom de ces « chercheurs » figure dans la description officielle des orchidées. En effet, pour chaque fleur, le nom de la personne qui l'a découverte est signalé entre parenthèses, ainsi que l'année de cette découverte. *La Liste des orchidées hybrides* a été constituée en 1906 par Henry Sander. Elle contient les noms de toutes les orchidées cultivées dans le monde à ce jour. Les hybrides ne sont reconnus comme tels et protégés que lorsqu'ils figurent dans ce catalogue.

Après la découverte, en 1891, d'une grande *Cattleya labiata* qui fut expédiée en Europe et qui parvint presque intacte à destination, grâce à l'amélioration des conditions de transport, le prix de la plante chuta de manière si vertigineuse que le bourgeois moyen put commencer à s'offrir des orchidées. Bientôt, la collection des plantes exotiques et leur culture devint un loisir plus courant et prisé au sein des classes sociales les plus élevées.

Avec le temps apparurent de spectaculaires collections. Plusieurs d'entre elles furent présentées au public dans des serres et des orangeries. Malheureusement, les plus belles furent détruites au cours de la Seconde Guerre mondiale. De nombreuses orchidées hybrides, parfois préservées à un seul exemplaire, furent perdues.

Aujourd'hui, grâce aux méthodes de reproduction modernes et sophistiquées, ces plantes fragiles sont cultivées en nombre ; pratiquement tout un chacun peut se les offrir et les garder dans un appartement. Naturellement, il y aura toujours des passionnés qui cultiveront chez eux les orchidées les plus délicates et qui dépenseront sans compter leur temps et leur argent pour en posséder. Mais de manière générale, il est facile d'acheter des orchidées sans se ruiner. Les variétés les plus courantes et les moins compliquées à entretenir sont vendues par toutes les jardineries bien achalandées. De leur côté, aujourd'hui comme hier, les espèces les plus sophistiquées ne sont visibles que dans une orangerie ou dans une serre ; elles exigent les soins de spécialistes.

Un espace de vie naturel

On trouve des orchidées dans tous les pays du monde. Ces plantes extrêmement adaptables poussent sur le littoral de presque toutes les mers mais également dans les montagnes, à moyenne ou haute altitude, jusqu'à environ 5 000 m. Elles se sentent à l'aise sur les bords du cercle polaire ainsi que sous les tropiques, en Inde, en Asie et en Australie. Pour chaque zone climatique il y a une orchidée spécifique, adaptée aux conditions locales. Fondamentalement, on en différencie quatre types :

Saprophytes mycotrophes

Ces orchidées non cultivables ne possèdent pas de feuilles vertes (chlorophylle) et n'en développeront aucune. Il leur est donc impossible de pratiquer la photosynthèse, qui est le mode de subsistance typique des végétaux. Pour survivre, elles vivent en symbiose avec certains champignons, qui leur fournissent leur nourriture organique. On ignore quel avantage en tirent ces champignons. Ce mode de survie caractérise les épiphytes et les lithophytes, ainsi que les orchidées terrestres.

Épiphytes

Il s'agit de plantes qui poussent sur les arbres, surtout dans la jungle. Toutefois, ces orchidées ne constituent pas des parasites ; en effet, les épiphytes s'installent dans les endroits où se trouve déjà un dépôt végétal. Elles se nourrissent des substances nutritives contenues dans l'air humide, dans l'eau de pluie et dans les dépôts végétaux. Dans la forêt tropicale humide, la lumière du soleil se fraye difficilement un chemin jusqu'au sol. L'épiphyte possède un avantage de taille car elle peut, en s'installant au sommet des arbres, bénéficier d'une lumière suffisante, de la présence d'insectes qui favoriseront la pollinisation ainsi que d'une quantité d'oxygène adéquate. Le petit inconvénient qui va de pair avec cette situation réside dans le fait que la plante n'a pas accès à l'humidité de la terre. De ce fait, elle doit développer des organes spéciaux : il s'agit de radicelles capables de capter l'humidité atmosphérique, d'épaisses feuilles où elle accumule l'eau ou des pseudobulbes.

Les longues racines minces, typiques des épiphytes, leur permettent de s'ancrer fermement à divers postes situés en hauteur. Elles sont aidées par les radicelles grâce auxquelles les orchidées vont « pêcher » leur nourriture. Les plantes elles-mêmes sont plutôt petites. Elles présentent des feuilles charnues ou de petits pseudobulbes. Souvent, leur floraison est pendante. Ce groupe réunit des orchidées aimant l'humidité et poussant sur un coussin de radicelles appelé « vélamen » qui absorbe l'eau avec laquelle il peut entrer en contact. Ces plantes ont besoin d'une quantité relativement restreinte de lumière et se passent de tout contact direct avec le soleil. Il existe cependant des épiphytes qui aiment le soleil et qui supportent très bien la sécheresse.

Lithophytes

Ce groupe d'orchidées grandit de préférence sur les sols pauvres ou rocheux. Les éperons calcaires et les falaises sont ses terrains de prédilection. En effet, les lithophytes se servent de la moindre petite faille pour s'accrocher ; elles puisent alors dans les brumes, le brouillard ou la pluie les éléments nutritifs dont elles ont besoin. Plusieurs plantes de ce type peuvent être à la fois épiphytes et lithophytes.

Les orchidées terrestres

Ces orchidées s'enracinent dans le sol et poussent dans toutes les régions où l'on trouve à la fois de l'humus et de l'eau. Étant donné que ces espèces végétales préfèrent l'hémisphère Nord, où règnent souvent des températures plus modérées et plus fraîches, elles sont généralement dotées de pousses feuillues ou d'une rosette terrestre, constituée d'un ou deux tubercules ou d'un rhizome souterrain. Dans les régions froides, les orchidées hibernent dans la terre, c'est-à-dire qu'elles perdent leurs feuilles à l'automne et en reforment au printemps. En revanche, dans les zones climatiques chaudes et sèches, les orchidées terrestres perdent leurs feuilles en été et en reforment de nouvelles en automne.

Modes de développement

Dans la culture des orchidées, on prête généralement peu d'attention à l'origine des plantes et à la zone climatique dans laquelle elles ont grandi. Cependant, ce n'est que lorsqu'on connaît le mode de croissance du végétal que l'on peut déterminer l'endroit où il faut le placer dans l'appartement. Il importe tout autant de connaître le type de développement et les besoins d'espace de la plante. Les spécialistes des orchidées différencient deux formes de croissance :

Plantes monopodiales

Les plantes monopodiales dépendent d'une tige maîtresse portant des feuilles parallèles. Celles-ci se développent à partir d'une pousse. Lorsque les feuilles du bas s'abîment et tombent, la pousse centrale se met progressivement à ressembler à un petit tronc. Les racines aériennes ainsi que les fleurs proviennent de la base de la feuille ou de la base de la plante, notamment dans le cas de la *Vanda* ou du *Phalaenopsis*.

Croissance sympodiale

Dans le cas de la croissance sympodiale, un rhizome donne plusieurs pousses qui se développent généralement à partir de pseudobulbes. Les pousses, tout comme les racines aériennes, surgissent le plus souvent sur les pseudobulbes de l'année précédente. Les hampes florales sont également issues des bulbes anciens ou de ceux qui viennent d'achever leur maturation.

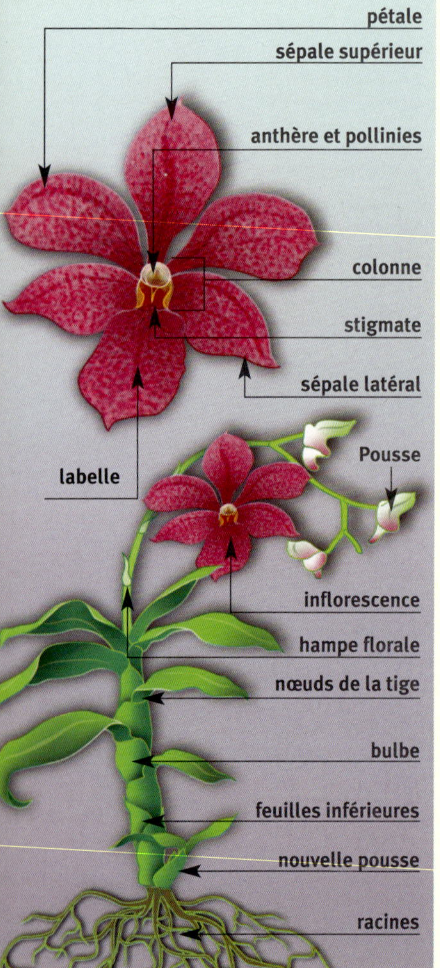

Formation de la fleur

Bien que cela ne saute pas aux yeux quand on regarde les différentes variétés, les fleurs d'orchidée se développent toujours de la même façon. La fleur se compose de six éléments : de trois sépales externes et de trois feuilles en couronne, appelées pétales. Le pétale central est le labelle. Dans le cas de la plupart des espèces d'orchidées, sa forme et sa couleur se différencient radicalement du reste de la fleur. Il sert principalement de piste d'atterrissage aux différents insectes que la plante cherche à attirer.

L'une des caractéristiques des orchidées réside dans la présence d'une colonne, ou gynostème, constituée d'un pistil, d'un stigmate ainsi que d'un sac pollinique contenant des grains de pollen agglomérés en petits paquets, ou pelotes, qui portent le nom de « pollinies ». Ils sont généralement placés à l'intérieur de l'anthère, celle-ci étant située à l'extrémité de la tige de l'étamine, et sont collants ou recouverts d'une substance gluante. Les insectes de passage en emportent avec eux.

Le pistil collant contient le pollen que les insectes emportent sur les pattes.

Racines, pousses et feuilles

Les orchidées sont des plantes extrêmement développées, qui ont adapté leur organisme à leur espace de vie. Les épiphytes, par exemple, ne sont pas aptes à puiser de l'eau dans la terre et doivent, pour survivre malgré tout, développer une stratégie leur permettant de recueillir assez de liquide pour se nourrir. Au fil du temps, les racines, les pousses ainsi que les feuilles se plient au cadre et aux conditions de vie imposés par le lieu où la plante se développe.

Chez les orchidées terrestres, on trouve d'une part des rhizomes qui s'étendent sous la terre et d'autre part des racines – de fines radicelles ou de simples tiges aériennes – qui proviennent des rosettes de feuilles ou des pseudobulbes. Les orchidées épiphytes et lithophytes, en revanche, possèdent de fines racines étendues ou des rhizomes qui ancrent fermement la plante dans le sol, et qui se développent lentement. Chaque année, il en sort de nouveaux pseudobulbes, des pousses et des rosettes de feuilles.

Les racines elles-mêmes peuvent être d'allure différente selon les régions. Dans les lieux faiblement arrosés par la pluie ou encore à la cime des arbres, où chaque goutte d'eau est précieuse, les racines surgissent du vélamen, un voile de radicelles fonctionnant comme une éponge. En un temps record, ce coussin peut absorber de grandes quantités d'eau et la stocker jusqu'à ce que les racines soient capables de l'absorber.

Une autre des spécialités de l'orchidée réside dans les racines aériennes. Elles servent – comme les pseudobulbes et les feuilles – à puiser l'eau et les nutriments et surtout à les stocker. Certaines variétés d'orchidées, c'est le cas par exemple de l'*Ansellia africana*, se servent de leurs racines aériennes pour se protéger des insectes, en développant pour ce faire des éperons durs. Ces racines ressemblent davantage à des épines.

Les pousses et les feuilles s'adaptent également à leur environnement. Si celui-ci est rude et pauvre en nutriments, la pousse va se transformer en pseudobulbe et les feuilles vont devenir succulentes (plus épaisses) afin de créer les meilleures conditions pour accumuler de l'eau et de la nourriture.

La forme des feuilles dépend en grande partie de l'endroit où pousse l'orchidée, de la quantité de lumière et de soleil dont elle a besoin ainsi que du climat dont elle bénéficie tout au long de l'année. Les orchidées d'ombre – notamment les épiphytes – à croissance monopodiale poussaient à l'origine dans les forêts tropicales, non loin du sommet des arbres. Elles possèdent des feuilles assez longues, de sorte qu'elles parviennent à capter le maximum de lumière sur leur grande surface. Quand elles doivent aussi se protéger des « coups de soleil », elles sont plus larges. Les orchidées dont l'espace vital se situe plutôt en pleine lumière offrent une surface de feuille moindre et plus fine qui leur permet de capter assez de lumière tout en étant moins sensible aux brûlures de l'astre solaire.

La forme et sa consistance de la feuille en disent très long sur l'habitat de la plante. Les grandes feuilles épaisses ont pour fonction majeure d'accumuler la lumière ainsi que les nutriments. Les longues feuilles étroites quant à elles captent le soleil sans en souffrir. Elles caractérisent certaines orchidées épiphytes ou encore

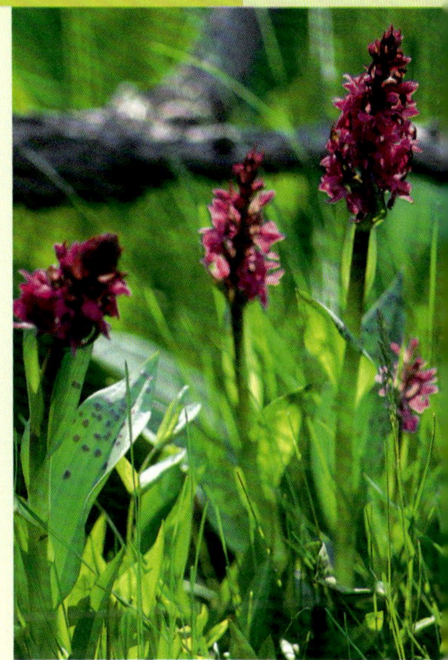

les *oncidium* sympodiales, qui grandissent en terre. Par ailleurs, les pseudobulbes sont à la disposition de la plante en période de sécheresse. Entre ces deux formes extrêmes, il existe une multitude de variantes de feuilles mais aussi de bulbes.

En outre, il existe des orchidées dont l'espace vital se trouve à l'ombre des arbres tropicaux. Dans ce cas, elles ne développent aucune feuille. De la même manière, elles s'abstiennent de produire de la chlorophylle et se nourrissent à l'aide d'organismes spécifiques.

Reproduction

Comme tous les organismes vivants, les orchidées sont très imaginatives pour assurer leur propagation. Elles mettent en œuvre de nombreux stratagèmes et se servent de toutes les possibilités pour s'étendre au-delà de leur espace initial. Lorsque aucun intermédiaire n'est disponible pour propager le pollen, elles recourent à divers moyens. Elles répandent du parfum, fabriquent du nectar et pratiquent même le parasitisme sexuel (encore appelé « mimétisme ») en attirant les partenaires femelles des insectes mâles qu'elles ont phagocytés.

Grâce à leurs motifs contrastés et à la constitution de leurs fleurs, notamment à la surface lisse du sabot, les orchidées conduisent

les insectes vers leurs organes reproducteurs. Si le pollen parvient sur la colonne, il est acheminé par celle-ci vers l'ovarium où la semence est fécondée. L'ovaire forme alors une capsule qui peut contenir jusqu'à un demi-million de semences. Les semences d'orchidées sont minuscules et très légères, elles peuvent être disséminées aux alentours sur une distance importante au moindre coup de vent.

Évolution, barrières et croisement

Comme la famille des orchidées est en pleine évolution, les espèces se mélangent facilement, de manière naturelle lorsqu'elles coexistent les unes avec les autres. Par définition, il est question d'une espèce lorsque celle-ci peut se reproduire sans opérer de croisement avec un sujet différent. Il s'agit donc d'espèces qui ont des barrières de reproduction. Normalement, la reproduction est spécifique à une espèce : on note par exemple qu'une pâquerette et un pissenlit ne donnent pas de fleurs communes, même lorsque le pollen de l'une est transporté sur l'autre. Toutefois, certaines espèces effectuent de légers croisements. C'est un élément que les hybrideurs utilisent parfois pour créer de nouvelles fleurs.

Les orchidées ne se plient pas toujours à cette pratique. Il existe des espèces dont les variétés ne se croisent pas facilement. Toutefois, la pratique des hybrideurs donne de bons résultats la plupart du temps, en comparaison des efforts consentis. C'est ainsi qu'ils réussissent à créer de nouvelles espèces.

Les croisements de deux orchidées d'espèces différentes sont appelés des « hybrides ». Si l'on croise deux espèces provenant de deux ou plusieurs genres, on parle alors d'« hybrides de genre ». Par exemple, si l'on croise une *Cattleya* avec une *Laelia*, on obtient une x *Laeliacattleya*. Si ce croisement est reproductible ou qu'il n'est pas stérile, il est possible d'opérer des boutures. On obtient ainsi une nouvelle espèce.

Taxonomie et nomenclature

Les botanistes utilisent un vocabulaire spécialisé pour parler des orchidées. Ils ont mis au point des concepts et une terminologie qui seront présentés ici de manière succincte. Les plantes ainsi que tous les êtres vivants ont été catalogués en fonction d'une taxonomie qui permet de mieux comprendre le règne végétal. Les taxons permettent de définir les relations existantes entre les individus, de délimiter des groupes et de repérer une systématisation des caractéristiques.

Étant donné que la famille des orchidées – jugée du point de vue de son développement – est encore très jeune et que les tests de génétique, aujourd'hui possibles, apportent toujours de nouveaux éléments, l'attribution des noms est en pleine mutation. En d'autres termes, les orchidées connues sont parfois « rebaptisées » à la lumière des connaissances récentes. Ceci influence naturellement les groupes et les sous-groupes. La nomenclature suivante correspond aux informations actuelles.

Attribution de noms et appartenance à une famille

Pour la botanique, les orchidées font partie de la grande famille des Orchidacées, également appelées « orchis ». Cette famille se ramifie à son tour en cinq sous-familles (selon Lindley, Bentham et Brieger) :

Cypripedioideae	**Sabot de Vénus**
Orchidioideae	**Orchis**
Neottioideae	**Nettioidées**
Epidendroideae	**Épidendroïdées**
Vandoideae	**Vandas**

Les différentes sous-familles se décomposent en tribus et en sous-tribus dès que l'on trouve des orchidées similaires présentant toutefois des différences d'aspect. Pour la culture, les répartitions et les concepts suivants jouent un rôle important. Les tribus ou sous-tribus sont décomposées en genre (*genus*) et de nouveau subdivisées en espèces (*species*). Les sous-espèces (*subspecies* = subsp.) se subdivisent, le cas échéant, en hybrides et parfois en variétés (var.), sections et agrégats. Le concept de « cultivar » (cv.) est utilisé lorsque les orchidées à parents hybrides se croisent à nouveau avec une autre espèce pour former un groupe de plantes d'allure similaire. L'appellation des orchidées et l'orthographe de leur nom sont conformes aux directives de la Royal Horticultural Society bri-

tannique (RHS). Les caractéristiques de la fleur sont consignées dans le *Handbook on Orchid Nomenclature and Registration* (guide de la nomenclature et de l'enregistrement des orchidées).

Le nom d'une orchidée se compose de plusieurs éléments :

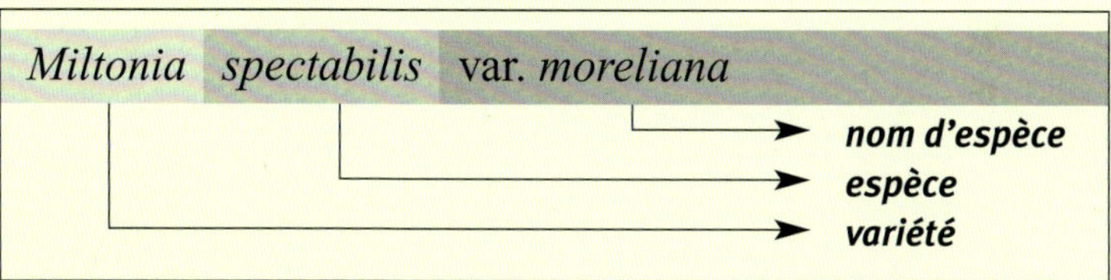

Dans le cas d'un hybride d'espèces le nom est composé à partir du nom de chaque espèce : *Laelia* + *Cattleya* = *Laeliocattleya*.

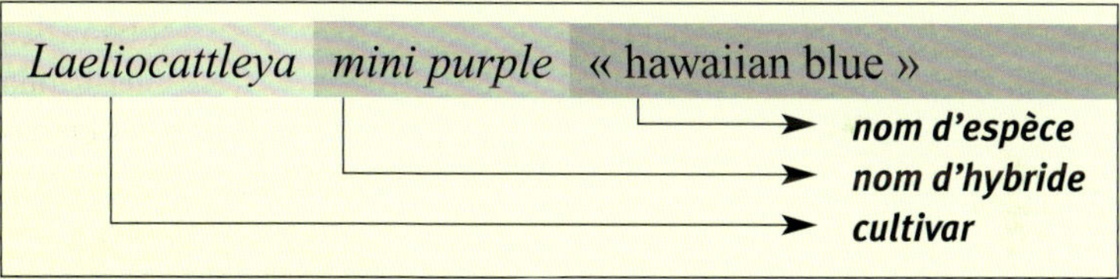

Dans le cadre d'une description plus précise les parents de la plante seront nommés ; la mère, plante génératrice, puis le père comme donateur de pollen :

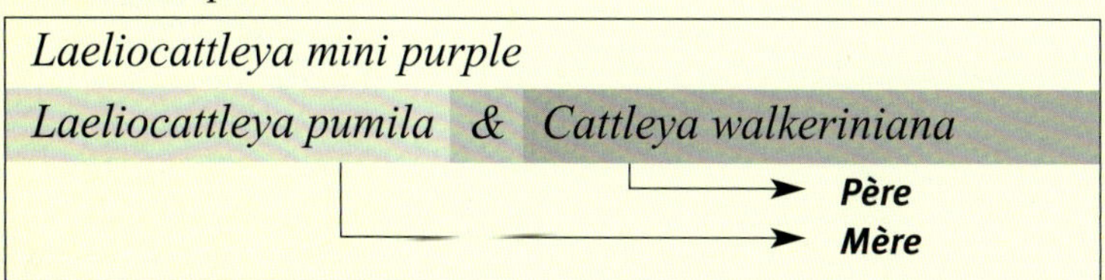

Les hybrides nouvellement cultivés sont catalogués dans le *Handbook on Orchid Nomenclature and Registration*, et ainsi protégés.

Lorsqu'il y a une nouvelle culture ou la découverte d'une orchidée et que son nom n'est pas reconnu par la RHS, le nom de cette plante n'est pas protégé et peut être revendiqué par d'autres horticulteurs.

Protection de l'espèce

Au cours des siècles précédents, les chasseurs d'orchidées s'en sont donné à cœur joie. Un peu plus tard, un « tourisme de l'orchidée » s'est développé, qui a mené à une quasi extinction des sujets sur leur site naturel et à une exportation sauvage des plantes. La loi de l'année 1975 s'est donc révélée vitale pour la protection de la nature et la régulation du commerce de plantes et d'animaux en voie d'extinction. Aujourd'hui, un accord a été trouvé entre les différentes parties. La Convention on International Trade in Endangered Species of Wild Fauna and Flora (CITES) a été contresignée par plus de cent pays qui ont parfois créé des commissions locales qualifiées pour la protection des espèces mises en danger.

Lorsque vous achetez une orchidée, il vaut mieux demander au vendeur quelle est son origine. Si vous avez quelque raison de croire qu'il s'agit d'une importation illégale, exigez de voir les papiers de douane et l'autorisation du CITES. Il est préférable, si vous ne les obtenez pas, de vous abstenir de faire l'acquisition de cette plante. Dans les pays d'origine, la culture des orchidées est certes autorisée, mais on n'a normalement plus le droit de prélever des sujets sauvages dans la nature. Cette règle ne s'applique pas seulement aux plantes exotiques, mais aussi aux orchidées locales. Elles sont toutes protégées. Si vous souhaitez réserver une place dans votre jardin pour la beauté d'une orchidée, demandez conseil à votre horticulteur.

Achat d'orchidées, conseils et astuces

Quand on achète une orchidée, il est essentiel de savoir à l'avance où l'on installera la plante, étant donné que son emplacement et son entretien sont déterminants dans le choix de l'espèce. Lisez méticuleusement les instructions fournies sur les fiches d'information ou demandez conseil au vendeur.

Veillez à ce que les racines ne soient pas abîmées et inspectez les racines aériennes et les feuilles. Si vous achetez un sujet jeune, assurez-vous de sa durée de vie, et renseignez-vous pour savoir quand il fleurira pour la première fois. Si vous faites l'acquisition d'une plante en fleurs ou en boutons, veillez à ce que les hampes ne pendent pas mollement. Toutefois, même en présence d'une plante aux fleurs vigoureuses et aux boutons sains, envisagez la possibilité que la transplantation du magasin à votre appartement puisse être néfaste et que les fleurs se fanent. Vérifiez l'état des bulbes et des feuilles : les bulbes et les feuilles succulentes doivent présenter un aspect sain et rebondi. Les autres feuilles doivent être d'un beau vert uni. Les orchidées sont malheureusement sensibles aux parasites comme les acariens et les cochenilles. Ceux-ci peuvent s'installer à la faveur d'une période d'assèchement de la terre.

Assurez-vous que la plante ne vient pas d'être rempotée. En effet, jusqu'au moment où elle se fera de nouvelles racines, elle restera très sensible. Le substrat ne doit être ni trop humide ni trop sec, ni trop argileux ni trop acide (si tel est le cas, on note la présence de dépôts calcaires sur le bord, ainsi qu'une odeur acide). Cela peut en effet nuire très rapidement au sujet.

La façon dont l'orchidée est présentée dans le magasin compte dans la qualité de la marchandise. Il vaut mieux se détourner des étagères malpropres et des plantes restées emballées. L'enveloppement prolongé des végétaux dans le papier cellophane provoque des infestations de champignons sur les feuilles, notamment chez les *Phalaenopsis*. Par ailleurs, les courants d'air ont des effets néfastes qui tardent à se manifester. Vous ne remarquerez les dégâts qu'après un délai assez long.

Si vous vous êtes décidé pour une variété d'orchidée, faites votre possible pour la ramener chez vous dans de bonnes conditions. En hiver, protégez-la du froid à l'aide de plusieurs épaisseurs de papier journal. En été, mettez-la à l'abri des courants d'air mais aussi d'un excès de soleil. Une insolation peut provoquer la mort de la plante. Une fois chez vous, libérez immédiatement l'orchidée de son emballage et lorsque vous l'aurez placée à l'endroit prévu, arrosez-la pour la première fois, de manière abondante.

Hybrides – les mélanges

La plupart des orchidées vendues aujourd'hui dans le commerce sont des plantes de serre et n'ont pas été trouvées à l'état sauvage dans la nature. Pour plaire au client, de nombreux amateurs d'expérimentations diverses essaient régulièrement d'opérer de nouveaux croisements entre les espèces les plus appréciées et les plus faciles à entretenir. Certains genres d'orchidées se révèlent relativement faciles à croiser, mais c'est loin d'être toujours le cas. Les tentatives scientifiques ont montré que certains membres de la jeune famille végétale des Orchidacées avaient déjà terminé leur développement, et que par conséquent elles ne se laissaient plus croiser. D'autres genres cependant peuvent réagir de façon flexible et donner de merveilleux « mélanges ».

Par exemple, bien que les genres *Paphiopedilum* et *Phragmipedium* présentent de grandes similitudes et qu'ils proviennent de la même sous-famille, ils n'acceptent pas d'être croisés l'un avec l'autre, alors qu'il existe de somptueux hybrides de *Paphiopedilum*. Mais de son côté, le *Phragmipedium*, de type sabot de Vénus, semble avoir aujourd'hui achevé son évolution biologique et a, par conséquent, développé dans sa structure génétique des barrières à la reproduction avec des sujets « étrangers ». À ce jour, il n'existe pas d'hybrides connus de ce genre et il semble impossible d'en obtenir.

Le genre de la sous-famille des *Vandoideae* se comporte autrement. Cette sous-famille se divise en groupes d'hybridation et, à l'intérieur de ce groupe, le croisement fonctionne très facilement. Parmi les hybrides les plus appréciés, citons le groupe des *Cattleya*, le groupe des *Vanda* et le groupe des *Odontoglossum*. Les frontières entre les représentants du genre *Cymbidium* sont rarement franchies, et il n'est pratiquement impossible de les croiser autrement qu'entre eux.

Outre les hybrides d'un genre, on distingue les hybrides intergénériques qui croisent de deux à six sujets ou, plus rarement, neuf genres. On reconnaît souvent dans ces hybrides des éléments des genres des « parents » et, parfois, des caractères des différentes sous-familles.

Hydrides multigenres	**Genres parents**
Laeliocattleya	*Cattleya + Laelia*
Cattleyopsis	*Cattleya + Phalaenopsis*
Mooreana	*Brassavola + Brougthonia + Cattleya + Laelia + Schombugkia + Sophronitis*
Sallyyeeara	*Brassavola + Brougthonia + Cattleya + Cattleyopsis + Diacrium + Epidendrum + Laelia + Sophronitis*

Pour savoir si deux espèces ou genres sont susceptibles de se croiser, il n'est pas utile de se fier à l'apparence des fleurs. Il faut se soucier de leur structure génétique. Ainsi, il existe des espèces qui ont l'air similaires, mais qui ne sont pas capables de générer des hybrides. C'est le cas notamment de la *Vanda*, originaire du Sud-Est asiatique, et de l'*Angraecum* africaine. En raison de leur aspect, toutes deux semblent plus proches que la *Vanda* d'une *Phalaenopsis*, par exemple. Pourtant, la *Vanda* donne de beaux hybrides avec la *Phalaenopsis*. En revanche, les hybrides de *Vanda* et de *Phalaenopsis* n'ont jamais donné aucun résultat lorsqu'on a tenté de les croiser avec des *Angraecum*.

L'entretien des orchidées et ses conséquences

Pour entretenir une orchidée, il faut connaître l'origine des plantes, le climat sous lequel elles sont nées et leur emplacement de départ. On saura alors si l'on est capable de fournir un bon habitat.

Il est important de veiller aux conditions d'ensoleillement, à l'humidité et à la température. Si vous souhaitez exposer la plante dans un endroit spécial lorsqu'elle fleurit de manière spectaculaire, elle n'en sera que rarement perturbée, surtout si vous la laissez dans son environnement de prédilection pendant le reste de sa vie.

L'appui de fenêtre est un endroit adéquat pour les orchidées. De même, les variétés les moins difficiles à cultiver aiment les serres froides ou chaudes, notamment lorsqu'elles ont besoin d'une forte humidité de l'air. Pour une plante qui réclame de forts contrastes de températures entre le jour et la nuit, les terrariums, les vitrines à orchidées ou les jardins d'hiver sont recommandés.

Selon l'espèce et les besoins de la plante, il est possible de l'installer dehors en été afin qu'elle bénéficie de bonnes conditions de croissance. C'est le cas notamment des *Cymbidium*, des *Oncidium*, des *Odontoglossum* et de leurs hybrides, des *Cattleya* et de leurs cousines, des *Laelia* et de leurs hybrides, ou encore des *Dendrobium*, orchidées qui aiment une certaine fraîcheur tempérée. Les orchidées réclament des soins particuliers lorsqu'elles sont cultivées dehors. Elles doivent être protégées du soleil direct, des intempéries et du dessèchement.

Conseils d'entretien

Quelle quantité d'ombre et de soleil ?

L'un des points essentiels dans la culture des orchidées reste le choix de l'emplacement. Étant donné que la plupart des espèces provenant de la forêt tropicale humide grandissent, en tant qu'épiphytes, à une hauteur plus ou moins élevée dans les arbres, elles ont besoin de beaucoup de lumière, parfois sans ensoleillement direct. Toutefois, ces espèces ont un point commun : en été, elles ont besoin d'ombre pour se protéger du soleil de midi, sinon leurs feuilles, souvent charnues, souffrent de brûlures. En général, on différencie les emplacements suivants :

ombre

demi-lumière

clair mais sans soleil

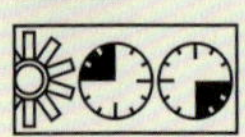
soleil du matin et de l'après-midi

plein soleil

Température, humidité de l'air et aération

Autre point décisif, la température dans laquelle la plante se sentira bien. On distingue ici trois fourchettes principales :

	Frais :	***7 °C à 18 °C en hiver, 13 °C à 24 °C en été***
	Tempéré :	***13 °C à 24 °C en hiver, 16 °C à 30 °C en été***
	**Chaud :**	***16 °C à 26 °C en hiver, 24 °C à 35 °C en été***

Selon les « spécialistes de la température », il existe quantité d'orchidées pouvant supporter une large fourchette de températures, donc deux des trois catégories de lieux. Les autres doivent bénéficier d'une température spéciale la nuit ou pendant leur période de repos.

Parallèlement à la température, le taux d'humidité de l'air joue un rôle essentiel, ainsi que le drainage de l'air. Ces éléments sont importants pour assurer une croissance sans à-coups et une floraison régulière. La plupart du temps, il faut une humidité de l'air conséquente car les orchidées sont généralement issues des régions tropicales. Là encore, on distingue trois catégories principales :

	Humidité réduite :	***moins de 50 %***
	**Humidité normale :**	***environ 50 %***
	**Humidité élevée :**	***au moins 60 % et jusqu'à 90 %***

Presque toutes les orchidées possèdent des racines très fragiles. Dans le cas des épiphytes, une bonne circulation de l'air est également nécessaire ; cet aspect est hautement recommandé.

Arrosage et vaporisation des feuilles

Pour assurer une bonne croissance de la plante, l'apport d'eau et d'engrais est absolument vital. Toutefois, de nombreuses orchidées ont la capacité de puiser seules assez d'humidité, grâce à leurs racines aériennes, dans l'air et l'environnement pour survivre. Une humidification exagérée ou un excès d'engrais peuvent endommager les racines fragiles, il faut donc les éviter à tout prix. Presque toutes les orchidées ont à la fois besoin d'un apport en eau et d'un apport en engrais, bien dosés en fonction de leurs impératifs de développement. Il faut régulièrement baigner les racines dans de l'eau non calcaire et vaporiser de l'eau sur les feuilles. Ainsi vous pourrez faire augmenter brièvement le taux d'humidité de l'air, tout particulièrement en été, lorsque les températures sont élevées. En hiver, vous ferez augmenter ce taux en plaçant le pot dans un cache-pot plus grand, au fond duquel vous placerez des billes d'argile sur lesquelles vous verserez de l'eau. En plus d'augmenter l'humidification de l'air, cette pratique fera légèrement baisser la température de la pièce.

Une période de repos nécessaire

Vous ne trouverez guère d'orchidées qui n'exigent pas une certaine période de repos. Cette pause importante leur permet de se régénérer. Si vous n'y veillez pas, l'orchidée cessera de fleurir.

À l'air libre

Dès que la température extérieure le permet, vous pouvez installer les orchidées dehors. Protégez-les des agressions des pucerons et des escargots qui apprécient leurs feuilles. Veillez également à ce que la plante ne souffre pas d'un excès de soleil, de pluie ou de vent. En effet, ces phénomènes naturels n'interviennent pas de la même manière sur la terre natale de l'orchidée, qui peut réagir de manière très sensible. Lorsqu'elles sont à l'air libre, les orchidées doivent être arrosées chaque jour et vaporisées plusieurs fois par jour.

En plus de ces conseils généraux, chaque orchidée a ses exigences. Vous trouverez des instructions détaillées en deuxième partie de l'ouvrage.

Rempotage, tuteurage et division

Le substrat

En fonction du type d'orchidée choisi, il faut utiliser des substrats végétaux adaptés, ou un terreau particulier lorsque les plantes doivent être tuteurées. Les orchidées ne grandissent pas dans de la terre de jardin ordinaire. Elles doivent disposer de divers éléments organiques. Si vous n'êtes pas sûr de savoir opérer vous-même le mélange nécessaire au substrat, vous pourrez trouver dans le commerce une « terre spéciale orchidées ». Cependant, il est indispensable de respecter les besoins de la plante et donc de bien choisir entre les différents produits vendus tout prêts.

Éléments constitutifs du substrat	
Matières végétales organiques	écorces écrasées de tailles différentes liège, débris de liège fibres de coco tourbe, mousse, sphaigne osmonde (fougère royale) charbon de bois
Matières synthétiques	polystyrène expansé, mousse des marais laine de roche, perlite mousse de polyuréthane, de polystyrène granulat billes d'argile expansé

Si vous connaissez les besoins de votre orchidée, vous pouvez fabriquer vous-même un substrat en y mélangeant les éléments cités. D'un côté, celui-ci doit pouvoir accumuler suffisamment d'eau, et de l'autre, il ne doit pas freiner la croissance des racines.

Le pot de l'orchidée

Selon le type de développement de la plante, plusieurs types de pots se sont imposés un peu partout : les pots transparents ou les corbeilles en osier quand les racines ont besoin d'air. Les orchidées terrestres sont généralement présentées dans un pot contenant un substrat riche en humus. En revanche, la plupart des épiphytes et des lithophytes sont logées dans des petites corbeilles, même s'il est possible de les cultiver également en pots. Pour certaines espèces comme les *Phalaenopsis* ou les *Cymbidium*, c'est même courant. Lorsque les orchidées sont à port dressé, elles réclament davantage de soins parce qu'elles peuvent emmagasiner moins d'eau.

Rempotage

En règle générale, les orchidées sont rempotées tous les deux ans. Dans l'intervalle, les racines se sont étendues et les nouvelles pousses ont débordé du pot, de sorte que la plante ne peut pratiquement plus se développer davantage. Un processus de désagrégation commence et la plante se met à étouffer lentement.

Avant de rempoter l'orchidée, il convient de bien l'arroser pendant quelques jours et de lui donner de l'engrais. Contrôlez les quantités. Mélangez du substrat nouveau ou préparez du substrat prêt à l'emploi. Il faut que ce substrat contienne des matières de drainage, ainsi que divers éléments additionnels. Le nouveau pot doit être bien désinfecté et débarrassé de toutes impuretés dues à des plantes précédentes. Pensez également à pré-

parer les outils nécessaires comme des ciseaux, un couteau, un ramasse-poussière, un arrosoir, etc.

Après avoir découpé le pot ancien, livrez-vous à un examen complet des racines de l'orchidée. Celles qui sont abîmées ou mortes doivent être coupées. Retirez le plus soigneusement possible les matières végétales sans blesser les racines voisines. Les parties de la plante qui sont vieilles ou mortes, comme les fleurs fanées, doivent aussi être enlevées.

Si vous souhaitez diviser la plante, veillez, chez les plantes sympodiales, à ce qu'il reste au moins trois bulbes groupés à planter. En présence de bulbes allongés garnis de nombreux nodules (keikis), vous pouvez utiliser ces derniers comme boutures. Fondamentalement, il convient de sectionner le rhizome aux points les plus minces.

La taille du nouveau pot doit être choisie afin que l'orchidée dispose d'assez de place au cours des deux à trois années suivantes, et que deux à quatre nouveaux bulbes puissent s'y développer. Pour les plantes monopodiales, le nouveau pot doit avoir au maximum 2 cm de diamètre supplémentaires par rapport à l'ancien.

Avant la transplantation, garnissez le fond du pot d'une matière qui servira au drainage (polystyrène expansé, billes d'argile). Les orchidées sympodiales doivent disposer de place sur les côtés car les nouvelles pousses s'installent latéralement. Les plantes monopodiales doivent être placées au milieu du pot. Ajoutez précautionneusement le nouveau substrat sans écraser les racines, mais en appuyant suffisamment pour que la plante soit solidement installée. Vous ne devez arroser légèrement que si le substrat est complètement sec. Pendant les deux à trois semaines suivantes, la plante récemment transplantée devra être placée dans un endroit bien éclairé mais protégé du rayonnement direct du soleil. Vous pouvez tendre un voile par-dessus la fleur pour maintenir un taux d'humidité correct. Vous l'enlèverez dès que les racines recommenceront à se développer. Au cours des semaines suivantes, vous devrez seulement vaporiser de l'eau sur les feuilles et ne pas arroser la plante.

Le rempotage dans une corbeille en osier se déroule de façon très similaire. Dans ce cas, il faut être particulièrement vigilant à ne pas abîmer les racines quand on retire la plante de la corbeille d'origine. Vous devrez peut-être nettoyer les racines, comme pour les autres orchidées. Garnissez la nouvelle corbeille de sphagnum. Ajoutez dessus une fine couche de substrat humide avant d'installer la plante. Rajoutez une couche de substrat puis laissez l'orchidée se reposer pendant trois semaines environ, dans un endroit bien éclairé. Veillez à vaporiser régulièrement ses feuilles et à ce que le substrat reste humide.

Tuteurage

Dans leur environnement naturel, beaucoup d'orchidées, comme par exemple les épiphytes, grandissent sur des supports, notamment des écorces d'arbre, les tiges d'autres végétaux ou encore des plaques de sphagnum ou de liège. Vous pouvez trouver de jolies alternatives à cela. Outre le support adéquat, vous aurez besoin de raphia, de fibres de sphagnum ou de coco. Pour être capables de s'accrocher à ces supports, vos orchidées à port dressé devront avoir développé un nombre suffisant de racines aériennes et de bulbes.

Sortez la plante de son pot et retirez le vieux substrat, ainsi que les bulbes anciens et toutes les racines mortes. En guise de support, enrobez une tige ou couvrez un morceau d'écorce d'un peu de sphagnum ou de fibres de coco et consolidez le tout à l'aide de raphia bien serré. Ensuite, disposez l'orchidée à port dressé contre le support de manière à ce que les bourgeons suivants et les nouvelles racines aient assez de place pour se développer. Recouvrez le tout d'un peu de sphagnum et consolidez avec du raphia de telle sorte que la plante soit bien installée sans toutefois être blessée par le raphia.

Vaporisez la plante tous les jours et arrosez-la une fois par semaine. Elle devrait ainsi s'adapter au mieux et refleurir au cours de l'année suivante.

Division

Pour la reproduction des orchidées, vous n'êtes pas obligé de recourir uniquement aux semences. Pour de nombreuses espèces, il est possible d'obtenir une reproduction végétative.

Dans ce cas, les plantes sympodiales, par exemple, sont divisées. Les vieux bulbes sans feuilles, qui portent des « yeux dormants », sont retirés, ils sont replantés et bénéficient d'une seconde vie. À la longue, lorsque les bulbes sont garnis de nodules, il est possible d'obtenir des boutures en coupant les bulbes en morceaux. À partir de chaque fragment de bulbe on obtient une nouvelle plante.

Type de multiplication	**Possible pour**
Reste de bulbe **Morceau de bulbe**	*Anguloa, Brassia, Bulbophyllum, Cattleya und Verwandten, Coelogyne, Cymbidium, Dendrochilum, Encyclia, Gongora, Lycaste, Maxillaria, Stanhopea*
Sexuée	*Dendrobium, Epidendrum radicans, Phalaenopsis, Thunia, Vanda*
Par bouturage	*Dendrobium, Thunia*

Les points de segmentation doivent être recouverts de poudre d'hormones (en vente chez le pharmacien), afin de les protéger des bactéries. Ensuite, il suffit de couvrir ces fragments végétaux de substrat puis de les placer pendant une période prolongée en un lieu ombragé et chaud. Arrosez modérément. La croissance commencera au bout de quelques semaines.

Conseil pour l'utilisation du Lexiguide

Les plantes sont présentées par ordre alphabétique de leur nom botanique. Vous trouverez sur chaque fiche le nom commun ou nom usuel.

Orchidées locales

Anacamptis morio

ORCHIS BOUFFON

Famille/sous-famille *Orchidaceae/Orchidoideae.*

Tribu/sous-tribu *Orchideae/Orchidinae.*

Genre *Anacamptis* (orchis pyramide).

Noms courants Orchis bouffon, soupe à vin, morion, folle femelle, damette, *Orchis morio*.

Habitat Du sud de la Norvège à l'Iran et au Bassin méditerranéen. Elle pousse jusqu'à une altitude de 1 800 m.

Caractéristiques Rosette terrestre dotée de nombreuses feuilles, sur une tige d'environ 10 à 40 cm. Ramifications latérales à nombreuses hampes fleuries constituées de quelques fleurs individuelles d'environ 12 à 15 mm. Les feuilles du calice et les pétales composent un genre de casque. Le labelle présente trois lobes flexibles et un pli central. L'éperon, d'aspect solide, se tient à la verticale ou remonte légèrement vers le haut. Les fleurs violettes à roses, rarement blanches, sont ornées de points plus foncés à l'intérieur du labelle.

Période de floraison Avril à juillet.

Terrain/propagation Cette orchidée croît dans les prairies d'herbe courte, sur des terrains acides à légèrement basiques.

Conseil Cette plante est protégée, il ne faut donc pas la prélever.

Applications Jusqu'à la fin de la Seconde Guerre mondiale, les bulbes de cette plante servaient à des fins médicinales, notamment pour soigner les problèmes digestifs et intestinaux.

INFO

La transformation des prairies en terres de pacage a coïncidé avec la destruction du cadre naturel de cette fleur. Cette orchidée est en effet peu armée pour se défendre face à la propagation d'autres plantes appartenant à son biotope.

Anacamptis pyramidalis

Queue-de-renard

Famille/sous-famille *Orchidaceae/Orchidoideae.*

Tribu/sous-tribu *Orchideae/Orchidinae.*

Genre *Anacamptis* (orchis pyramidal).

Noms courants Orchis pyramide, queue-de-renard.

Habitat Europe et Afrique du Nord, Bassin méditerranéen. Elle pousse jusqu'à une altitude de 2 000 m.

Caractéristiques Rosette à port dressé dont les feuilles lancéolées se flétrissent très tôt au cours de la floraison. Adulte, la plante mesure de 20 à 60 cm, elle est constituée d'une tige verticale au sommet de laquelle se forment, au début de la floraison et à partir du bas de la hampe, des fleurs individuelles qui présentent généralement une nuance violette. Pendant la floraison, la hampe se transforme progressivement en « cylindre ». Le labelle est triple, l'éperon est long et mince. Sa base, un peu plus claire, est encadrée par deux renflements.

Période de floraison Juin à juillet.

Terrain/propagation Cette orchidée aime le soleil et les terrains calcaires, peu humides. Elle grandit dans les près à usage extensif, dans les herbages secs ou frais, ainsi que dans les sous-bois clairs à sol calcaire.

Conseil cette plante non cultivable et non parfumée est une espèce répandue et parfois abondante.

INFO

La queue-de-renard fait partie des orchidées qui produisent du nectar. Elle est particulièrement appréciée par les papillons.

Chamorchis alpina

Herminie des Alpes

Famille/sous-famille *Orchidaceae/Orchidoideae.*

Tribu/sous-tribu *Orchideae/Orchidinae.*

Genre *Chamorchis* (orchis nain).

Noms courants Orchis nain des Alpes, herminie des Alpes.

Habitat Cette fleur pousse dans les Préalpes, les Alpes calcaires, les Carpathes et les montagnes scandinaves, entre 1 400 et 2 700 m d'altitude.

Caractéristiques Cette fleur locale d'allure compacte présente des rosettes, des feuilles ressemblant à des brins d'herbe, avec un côté plat et un côté bombé. Souvent, les feuilles sont plus longues que la tige, dont la taille varie entre 5 et 15 cm. Les pétales et les sépales forment une sorte de casque qui s'arque au-dessus du labelle. Le labelle, légèrement incurvé, est un peu plus sombre que le reste de l'inflorescence et se termine par une pointe étroite. Il ne possède pas d'éperon. Les fleurs individuelles, jaune-vert, dont l'extérieur est brun rougeâtre, mesurent à peine 5 mm. L'orchis nain se caractérise par le fait qu'il produit deux bulbes secondaires par an, ou de simples pousses. La plante peut avoir plusieurs touffes portant des fleurs, et donne l'impression optique de former un « petit bosquet » serré.

Période de floraison Juillet à août.

Terrain/propagation Cette orchidée grandit sur les étendues d'herbe sèche, en altitude, sur les falaises garnies d'une végétation rase, sur les éperons rocheux exposés au vent et sur les sols calcaires dont l'humus est instable. Pour se développer, elle a besoin de place et ne tolère pas l'ombre de végétaux plus hauts ou d'arbres. Lorsqu'elle se trouve dans des emplacements qui lui conviennent parfaitement, elle s'étend de façon spectaculaire.

Conseil Cette plante est protégée. Elle n'est pas directement menacée tant que son environnement naturel n'est pas modifié de manière trop radicale.

INFO

La Chamorchis alpina, *non gélive, n'est normalement pas affectée par les insectes, les mouches ou les hyménoptères de type* Pimpla instigator. *Comme elle est très prolifique, il est fort probable qu'elle s'autoféconde, c'est-à-dire qu'elle est capable d'autogamie.*

Cephalanthera damasonium

ELLÉBORINE BLANCHE

Famille/sous-famille *Orchidaceae/Epidendrioideae.*

Tribu/sous-tribu *Neottieae.*

Genre *Cephalanthera* (céphalanthère).

Noms courants Céphalanthère de Damas, elléborine blanche.

Habitat Europe tempérée, pays dotés de forêts de bouleaux à sols calcaires. Elle pousse jusqu'à une altitude de 1 300 m.

Caractéristiques Le rhizome s'enfonce très profondément dans le sol. La forme la plus courante, qui présente des feuilles alternées, possède une tige d'environ 20 à 60 cm dont les feuilles allongées se tendent d'abord vers le haut de la plante puis s'élargissent en s'aplatissant. Les grandes fleurs blanches ou crème poussent individuellement sur de courts pétioles, dans l'axe des feuilles supérieures. La plupart du temps, ces fleurs s'ouvrent peu. Elles présentent un labelle jaune vif. Cette orchidée se féconde elle-même.

Période de floraison Mai à juillet.

Terrain/propagation La *Cephalanthera* grandit de préférence dans les forêts sèches de bouleaux. Elle aime les endroits clairs et ombragés ou semi-ombragés, le bord des sous-bois. Dans les forêts relativement jeunes, elle est parfois présente en masse, ce qui montre qu'elle est susceptible de s'installer partout où elle trouvera un sol adéquat.

Conseil Cette plante est protégée. Elle n'est pas directement menacée car son biotope est encore présent en de nombreux endroits.

INFO

C'est sans doute grâce à une étroite association avec un champignon que cette espèce peut survivre, sous la forme ci-contre ou sous une forme entièrement dépourvue de feuillage. Dans ce cas, la tige présente des fleurs alternées.

Cephalanthera longifolia

CÉPHALANTHÈRE À FEUILLES EN ÉPÉE

Famille/sous-famille *Orchidaceae/Epidendioideae.*

Tribu/sous-tribu *Neottieae.*

Genre *Cephalanthera* (céphanthère).

Noms courants Céphalanthère à longues feuilles, céphalanthère à feuilles étroites.

Céphalanthère à feuilles en épée *Cephalanthera longifolia*

Habitat En Europe, on trouve cette orchidée jusqu'à 1 500 m.

Caractéristiques Le rhizome s'enfonce profondément dans le sous-sol, ce qui permet à l'orchidée de courir sur le sol à une hauteur de 20 à 60 cm. Les feuilles alternées, longues et étroites, lancéolées, surgissent dans la section basse de la tige et recouvrent parfois de leur pointe la hampe fleurie. Celle-ci ne porte aucune feuille et se compose d'une inflorescence souple. La fleur elle-même, grande de 10 à 15 mm, est constituée de minuscules pétales. Ils ne s'ouvrent qu'en présence d'une lumière suffisante, et révèlent alors un labelle qui présente une tache jaune vif à sa pointe et un léger renflement. Cette orchidée s'autoféconde.

Période de floraison Mai à juillet.

Terrain/propagation La céphalantère à feuilles en épée, qui s'adapte à plusieurs types de sous-sols, aime la mi-ombre et les sous-bois secs ou semi-secs de feuillus, de pins ou mixtes. Elle grandit dans des sols acides à l'orée des bois, rarement à l'extérieur des forêts.

Conseil Cette plante est protégée. Elle n'est toutefois pas menacée.

INFO

Les populations situées dans les régions méridionales sont fécondes, mais dans les régions septentrionales comme le Thuringe et la Hesse, on ne note aucune fructification de la plante.

Cephalanthera rubra

CÉPHALANTÈRE ROUGE

Famille/sous-famille *Orchidaceae/Epidendrioideae.*

Tribu/sous-tribu *Nettottieae.*

Genre *Cephalanthera* (céphalanthère).

Noms courants Céphalantère rouge, elléborine rouge.

Habitat Elle pousse en Europe jusqu'à une altitude de 1 800 m.

Caractéristiques Son rhizome à croissance souterraine donne une haute tige de 20 à 60 cm sur laquelle poussent quelques feuilles allongées et pointues. Vers le sommet de la tige, dans l'axe des feuilles supérieures poilues, les fleurs, roses à violettes, apparaissent. À la différence des fleurs de *Cephalanthera domasonium* et *Cephalanthera longifolia*, elles s'ouvrent largement, atteignant une taille d'environ 5 cm. Puis les sépales tombent rapidement, et les pétales se referment vers le haut. On aperçoit alors clairement le labelle dont le bord est marqué par un violet plus intense. De même, l'avant du labelle présente 7 à 15 stries caractéristiques, brun-jaune. La fleur n'a pas d'éperon.

Période de floraison Mai à juillet.

Terrain/propagation Cette orchidée préfère les terrains basiques, secs, et la plupart du temps riches en calcaire. Elle grandit dans des lieux ensoleillés, chauds, dans les sous-bois de bouleaux, de pins et de forêt mixte, sur terrain calcaire. Elle aime aussi le bord des chemins et des haies. Lorsque l'emplacement est trop sombre, les plantes restent stériles.

Conseil Cette orchidée est protégée. Plus rare que d'autres espèces de *Cephanlanthera*, elle n'est pas menacée pour autant.

INFO

La céphalantère rouge est pollinisée par des agents extérieurs, le plus souvent par des hyménoptères qui se « trompent de fleur ». En effet, l'orchidée émet le même parfum que la campanule aux feuilles veloutées qui se développe souvent dans son voisinage et constitue la cible de prédilection des insectes.

Corallorhiza trifida

CORALINE

Famille/sous-famille *Orchidaceae/Epidendrioideae.*

Tribu/sous-tribu *Calypsoeae.*

Genre *Corollorhiza.*

Noms courants Coraline, racine de corail.

Habitat Surtout le nord de l'Europe ainsi que les Alpes et les Préalpes, souvent en altitude. On trouve parfois cette fleur sur le bord de reliefs calcaires, jusqu'à une altitude de 1 900 m.

Caractéristiques Les pousses de cette espèce peu commune sont émises par un rhizome souterrain aux allures coralliennes qui a donné son nom à la plante. Cette orchidée ne possède aucune feuille sur sa tige, mais une minuscule gangue ramifiée (spathe) d'où sortent les tiges d'une hauteur d'environ 10 à 20 cm. L'inflorescence se compose de 4 à 12 fleurs individuelles aux sépales et aux pétales jaune-vert. Le grand labelle blanc présente des taches rouge foncé à sa base, mais aucun éperon. Les fruits pendants constituent une particularité de la plante.

Période de floraison Mai à juillet.

Terrain/propagation La coraline a besoin d'une fraîcheur relative, d'une forte humidité ambiante et d'un sous-sol neutre. C'est donc une orchidée de l'ombre, qui pousse dans les forêts humides et moussues des hautes montagnes.

Conseil Cette plante protégée est principalement menacée par les transformations des forêts, notamment lorsqu'il y a de nouvelles plantations d'épicéas au pied desquels elle pousse. Grâce à une organisation parcellaire de ces plantations, il a été possible de sauver certains biotopes, et ainsi de contribuer à la protection de l'espèce.

INFO

La coraline se présente généralement en petites colonies.

Cypripedium calceolus

SABOT DE VÉNUS

Famille/sous-famille *Cypripediaceae/Cypripedoideae.*

Genre *Cypripedium* (sabot de Vénus).

Habitat Europe (Préalpes et toutes les Alpes calcaires), Amérique du Nord et Asie. Elle pousse jusqu'à une altitude de 1 800 m.

Caractéristiques Son rhizome souterrain produit au printemps des hampes fleuries ainsi que de larges feuilles elliptiques qui entourent la tige principale. Sur les hampes fleuries, hautes de 15 à 60 cm, apparaissent une ou plusieurs fleurs et parfois quelques feuilles. La fleur présente une caractéristique remarquable, son grand labelle d'un jaune lumineux, à l'aspect renflé. Les pétales pointus et étroits ont une couleur brun-rouge ou jaune-vert. Les pétales et les sépales latéraux pendent, tandis que le sépale central est érigé comme un couvercle au-dessus du labelle. La gymnosperme et le stigmate sont blancs et permettent de voir clairement les pollinies (sacs de pollen). L'ensemble de la plante est légèrement velu.

Période de floraison Mai à juillet.

Terrain/propagation Cette orchidée se développe dans les sous-bois clairs, dans les taillis des forêts de bouleaux et de pins, dans l'herbe grasse et les buissons. Lorsque l'emplacement est trop sombre, la plante ne fleurit pas.

Conseil Cette plante est protégée. Très souvent, elle a été terriblement endommagée parce que son rhizome a été déterré sans précautions. De même, la pratique de la monoculture de plantes à croissance rapide lui a été néfaste.

INFO

Le sabot, qui est en fait le labelle de la plante, constitue un véritable piège pour les insectes. Ceux-ci sont attirés à l'intérieur lorsqu'ils se mettent en quête de nectar. Ils atterrissent sur le bord lisse du labelle, glissent involontairement à l'intérieur et ne peuvent le quitter que lorsqu'ils se sont frottés contre le pollen et le stigmate. S'ils apportent déjà du pollen, ils fertilisent ainsi la plante. S'ils n'en apportent pas, ils en emportent. Leur sortie est guidée par la lumière, dispensée par de véritables fenêtres aménagées à l'arrière du labelle.

Dactylorhiza majalis

Orchis à larges feuilles

Famille/sous-famille *Orchidaceae/Orchidoideae.*

Tribu/sous-tribu *Orchideae/Orchidinae.*

Genre *Dactylorhiza.*

Nom courants Orchis des marais, orchis tacheté.

Habitat Ouest de l'Europe. Elle pousse jusqu'à plus de 2 100 m.

Caractéristiques Cette plante, d'une hauteur de 15 à 60 cm, possède de larges feuilles vertes tachetées de rouge, lancéolées, ainsi qu'une tige épaisse, creuse, qui porte des nuances rougeâtres jusqu'à son sommet. La taille des feuilles décroît vers le haut de la plante. La hampe florale, longue de 4 à 8 cm, se présente comme une pyramide, et ne s'arrondit en forme de « tonneau » que lorsque les fleurs s'ouvrent, une par une, de bas en haut. Les feuilles tachetées de rouge ou de violet ont une couleur vive et bien répartie sur toute leur longueur. Au centre un peu plus clair du labelle tripartite, qui est plus large que long, on aperçoit un petit motif sombre qui évoque généralement un lacet. L'éperon épais, dressé, est un peu plus court que les ovaires.

Période de floraison Mai à juillet.

Terrain/propagation Cette orchidée pousse dans les prairies grasses, sur les landes et les alpages. Elle aime les terrains neutres et humides, ainsi que le plein soleil.

Conseil Cette plante est protégée. Les biotopes encore existants ne doivent pas être altérés, et l'usage d'engrais y est fortement déconseillé, même si la fleur n'est pas menacée pour l'instant.

INFO

Cette espèce est toutefois en déclin. Comme elle est extrêmement sensible aux engrais, sa disparition ne peut être enrayée que si les agriculteurs réduisent l'apport de produits chimiques dans son biotope.

Dactylorhiza sambucina

Orchis sureau

Famille/sous-famille *Orchidaceae/Orchidoideae.*

Tribu/sous-tribu *Orchideae/Orchidinae.*

Genre *Dactylorhiza.*

Habitat Subsistance de certains sujets en Europe centrale et de l'Ouest, jusqu'à une altitude de 2 000 m.

Caractéristiques Cette orchidée de 10 à 30 cm de haut, aux feuilles larges, ovales et unies, est dotée d'une tige épaisse, creuse et à arêtes vives, qui poussent jusqu'au sommet de la plante. La taille des feuilles se réduit vers le haut. La hampe florale, non ouverte, ne mesure que 4 à 8 cm à taille adulte, et arbore d'abord une forme pyramidale avant de s'arrondir en cylindre lorsque les fleurs s'ouvrent une à une. L'orchis sureau, fleur polymorphe, se décline en deux couleurs :

blanche avec un cœur jaune ou rose fuchsia avec un cœur plus clair. Le sépale du milieu et les pétales forment un heaume. Les sépales latéraux sont très écartés les uns des autres. Sur le bord avant du labelle, dont le centre est jaune clair, apparaît un motif rouge ou de fins points rouges. L'éperon épais et tendu vers l'avant est plus court que les ovaires.

Période de floraison Mai à juin.

Terrain/propagation Cette orchidée pousse sur des terrains d'herbe courte et maigre, frais ou modérément secs, sur des alpages et des roches primitives avec un sous-sol neutre, assez humide. Elle aime le soleil.

Conseil Cette plante est protégée. Les biotopes encore existants dans les prairies extensives et sur les roches primitives doivent être sauvegardés car la plante est déjà menacée.

INFO

Cette plante est devenue rare et on ne la trouve plus qu'à l'état résiduel. En effet, elle réagit fortement aux pratiques de la culture intensive. On ne la trouve pratiquement plus, d'autant que les sites de roches primitives ne sont pas nombreux.

Epipactis helleborine

ELLEBORINE À LARGES FEUILLES

Famille/sous-famille *Orchidaceae/Orchidoideae.*

Tribu/sous-tribu *Orchideae/Orchidinae.*

Genre *Epipactis* (helléborine).

Noms courants Elléborine à larges feuilles, épipactis à larges feuilles.

Habitat Europe de l'Ouest, courante en France. Elle pousse jusqu'à une altitude 1 800 m.

Caractéristiques C'est l'une des orchidées de forêt les plus courantes et l'une de celles qui présentent les formes les plus variées. Selon son lieu d'élection, elle voit la taille de ses feuilles changer, mais aussi sa couleur et la forme de sa fleur. Les feuilles sont normalement larges et ovales, vert foncé et brillantes sur le dessus. Elles apparaissent sur une tige d'une hauteur de 20 à 80 cm de haut, en alternance jusqu'au sommet de la hampe florale, qui est souvent orientée d'un seul côté. Les fleurs individuelles poussent dans l'axe de petites feuilles qui leur servent de support, et qui arborent la forme d'une lancette. Les pétales sont, pour la plupart, roses. Le labelle présente deux parties colorées, l'avant est plus large que long, avec une pointe à l'arrière. À la base, il arbore un durillon d'une couleur plus sombre. L'inflorescence possède un rostellum très fonctionnel mais pas d'éperon.

Période de floraison Juin à août.

Terrain/propagation Demi-ombre, sur des sols frais, riches en nutriments, profonds et argileux, dans des clairières ou en bordure de

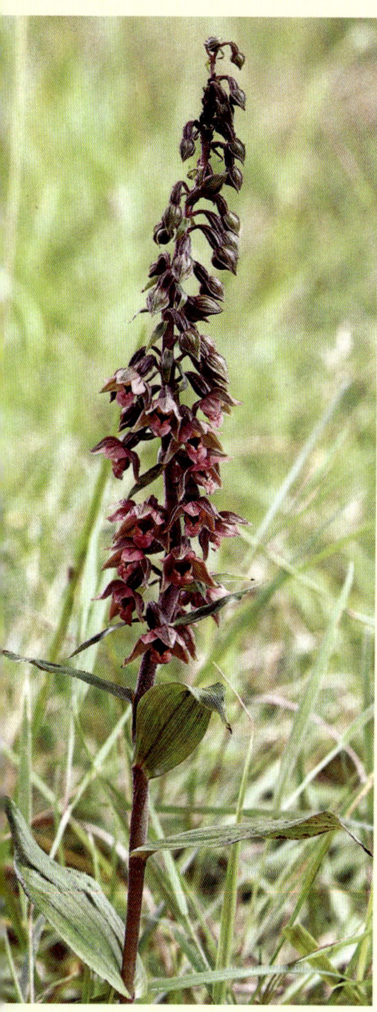

forêt. Également sur des terrains d'herbe rase et dans des prairies ensoleillées. Étant donné que la plante tolère aussi les terres acides, on trouve cette orchidée dans des parcs, des jardins ou des cimetières.

Conseil Cette plante est protégée mais ne se trouve pas directement menacée car de nouveaux biotopes se créent.

INFO

Cette orchidée est fécondée par des agents externes et tend à donner des sous-espèces et des sous-variétés qui parviennent à survivre dans des zones sèches et chaudes, sur des terrains peu généreux, notamment dans des carrières ou sur des sols de sites industriels contenant des métaux lourds. Elle est difficile à reconnaître, comme l'ensemble de son espèce. Le seul critère fiable des sous-variétés reste le rostellum fonctionnel.

Epipogium aphyllum

ÉPIPOGON SANS FEUILLES

Famille/sous-famille *Orchidaceae/Epidendrioideae.*

Tribu/sous-tribu *Gastrodieae.*

Genre *Epipogium.*

Nom courant Épipogon sans feuilles.

Habitat Dans les zones les plus élevées des Alpes, jusqu'à 1 900 m. Plus rarement dans les montagnes de taille moyenne.

Caractéristiques Cette plante est privée de feuilles et de chlorophylle. Elle présente une taille de 10 à 20 cm. De son rhizome souterrain surgit une tige fine, presque transparente, dont les minuscules inflorescences sont déjà formées sous terre. Les fleurs individuelles sont peu nombreuses, elles sortent la tête en bas et leur labelle pointe vers le haut. De cette manière le stigmate est placé sous les pollinies et, de ce fait, l'autofécondation est exclue. La multiplication végétative par les excroissances fines et transparentes repose sur la formation de nodules, générateurs de nouvelles pousses. Les fruits mûrissent pendant la floraison, et la fructification dure deux à trois semaines. Au bout d'un mois déjà, la plante a de nouveau disparu sous terre. Les pétales des fleurs sont d'un blanc crémeux, la tige et les fruits sont brunâtres, le labelle, blanc et renflé, présente une ou plusieurs zones rosées et un éperon épais. L'orchidée diffuse un parfum de banane fermentée.

Période de floraison Juillet à août.

Terrain/propagation Cette plante pousse sur une terre contenant suffisamment d'humus, moussue, riche en nutriments, de nature basique, dans les forêts de feuillus ou de pins. Elle a besoin d'ombre, d'une fraîcheur relative et d'une excellente ventilation. Souvent, on la trouve dans les sous-bois de bouleaux ou sur le bord de zones forestières implantées de longue date.

Conseil Cette plante protégée est menacée par l'exploitation forestière intensive, qui saccage la végétation au sol, détruisant ainsi les biotopes.

INFO

Au cours de certaines années qui lui sont défavorables sur le plan climatique, cette plante reste enterrée et il lui arrive de fleurir sous terre. C'est pourquoi parfois, alors qu'elle semble éteinte, elle peut resurgir soudain en grand nombre.

<u>*Goodyera repens*</u>

GOODYÈRE RAMPANTE

Famille/sous-famille *Orchidaceae/Orchidoideae.*

Tribu/sous-tribu *Cranichideae/Goodyerinae.*

Genre *Goodyera.*

Noms courants Goodyère rampante, goodyera rampante.

Habitat Forêts de pins. Elle tend à se développer en Europe. Elle pousse jusqu'à une altitude de 2 000 m.

Caractéristiques Le rhizome qui rampe sous la mousse fait pousser à son extrémité des tiges portant des rosettes assorties de feuilles

épaisses de forme ovoïde, présentant un réseau de motifs argentés. Les tiges, hautes de 10 à 30 cm, faiblement dressées, sont ornées de clochettes blanches et parfumées d'environ 5 mm, qui rappellent celles du muguet. Les tiges, les sépales et les pétales sont veloutés et garnis de poils serrés.

Période de floraison Juillet à août.

Terrain/propagation Cette orchidée forestière apprécie les emplacements ombragés et les sols modérément secs, à l'humus acide, sableux ou un peu calcaire. Elle grandit dans des sous-bois secs à humides, moussus, et plus rarement dans les forêts d'épicéas. Malheureusement, les colonies établies par cette plante regroupent très peu de sujets.

Conseil Cette plante est protégée. Elle n'est menacée qu'au niveau local, s'il y a disparition du cadre moussu de la forêt. Par ailleurs, cette orchidée se développe facilement car sa propagation est facilitée par le déplacement des pousses de pins.

INFO

La floraison est très rapide et elle ne déclenche pas toujours une fructification totale. Au cours des années pluvieuses, on note parfois, dans les forêts de pins bien éclairées, une brusque poussée du nombre de sujets. Le comportement de cette orchidée est parfois difficile à anticiper.

Gymnadenia conopsea

ORCHIS MOUCHERON

Famille/sous-famille *Orchidaceae/Orchidoideae.*

Tribu/sous-tribu *Orchideae/Orchidinae.*

Genre *Gymnadenia.*

Noms courants Orchis moucheron, orchis moustique.

Habitat De l'Europe à l'Asie tempérée, jusqu'en Chine et au Japon. Elle pousse jusqu'à 2 600 m d'altitude.

Caractéristiques Les rosettes solides de cette fleur native du terroir se composent d'un bouquet de petites feuilles étroites et lancéolées, à nervure centrale. On voit surgir au milieu une hampe florale avec un épi porteur de petites fleurs individuelles et légèrement odorantes. La fleur est rose ou blanche. Le sépale central et les pétales de la fleur, mesurant environ 1 cm, forment un petit casque. Les deux autres sépales, arrondis, se tiennent droits. Le labelle, qui comporte trois lobes, est plus sombre sur ses bords. Il recouvre l'éperon mince et recourbé vers le bas, presque deux fois plus long que l'ovaire, qui mesure de 12 à 15 mm.

Période de floraison Mai à août.

Terrain/propagation Cette orchidée est largement répandue sur les sols basiques. Elle s'installe de préférence sur les herbages assez secs, les prairies humides à herbe courte, dans les marais, ainsi que dans les forêts de pins et les landes.

Conseil Cette plante est protégée. Pour l'instant, elle n'est pas directement menacée. Dans les régions calcaires, elle fait partie des espèces d'orchidées sauvages que l'on rencontre le plus souvent.

INFO

Les fleurs de ces grandes plantes solides sont très serrées, ce qui leur vaut le qualificatif officiel de variété densiflora *(*Gymnadenia conopsea *var.* densiflora*).*

Herminium monorchis

ORCHIS MUSC

Famille/sous-famille *Orchidaceae/ Orchidoideae.*

Tribu/sous-tribu *Orchideae/Orchidinae.*

Genre *Herminium.*

Noms courants Orchis musc, orchis à un bulbe.

Habitat Préalpes, nord et est de la France. Elle pousse en altitude, jusqu'à 1 800 m.

Caractéristiques Rhizome à tubercules d'où surgissent au ras du sol deux feuilles érigées, pointues et luisantes, d'une longueur de 2 à 7 cm, et d'une largeur de 5 à 15 mm. Cette orchidée délicate, discrète, mesure de 10 à 20 cm. La hampe florale est constituée d'un épi souple aux formes incurvées et aux nombreuses clochettes minuscules, d'une taille variant entre 3 et 8 mm, d'un jaune vert tendre. Lorsqu'elles sont exposées à la lumière du soleil, elles diffusent un parfum intense, ce qui a valu son nom à la fleur. Le labelle présente trois pétales à l'avant et n'a pas d'éperon.

Période de floraison Juin à août.

Terrain/propagation De préférence ensoleillé, dans des prés à l'herbe rase, humides à secs, des landes sèches et plates. Cette orchidée grandit sur des terrains calcaires ou argileux et humides, sur des terrains d'herbe courte et non altérée par les engrais, ainsi que dans les herbages humides utilisés pour l'élevage extensif.

Conseil Cette plante est protégée. On a observé une régression importante, sans doute à cause des progrès de l'élevage de moutons et de la sensibilité probable de cette orchidée à la concurrence.

INFO

Malgré la variété des biotopes qui favorisent l'apparition de cette orchidée, elle reste rare et de ce fait, relativement menacée.

Himantoglossum hircinum

Orchis bouc

Famille/sous-famille *Orchidaceae/Orchidoideae.*

Tribu/sous-tribu *Orchideae/Orchidinae.*

Genre *Himantoglossum.*

Noms courants Orchis bouc, bouquin, satyre fétide.

Habitat Régions au climat doux, Europe et Afrique du Nord. Elle pousse jusqu'à une altitude de 1 800 m.

Caractéristiques Plante solide dotée d'une rosette érigée constituée de petites feuilles qui se flétrissent souvent dès la floraison. Cette orchidée peu commune peut atteindre une hauteur de 120 cm. La hampe florale est constituée d'un épi souple qui peut atteindre 30 cm et porte plus de 100 fleurs individuelles aux contours filigranés. Le pétale central du labelle, plus clair, est parsemé de points rouges et présente une longueur supérieure à 6 cm. Il se divise vers la pointe et arbore une forme en spirale. En revanche, le pistil est très court. Le nom d'orchis bouc provient des fleurs, qui exhalent une odeur forte et désagréable.

Période de floraison Mai à juin.

Terrain/propagation Cette orchidée aime la chaleur et elle préfère les emplacements protégés, ensoleillés, les terrains secs et calcaires, les prairies à usage extensif, les terrains d'herbe rase et de broussailles, secs ou demi-secs, les sous-bois clairs et les bords des taillis. On la trouve même dans les dunes.

Conseil Cette plante est protégée et elle reste légèrement menacée.

INFO

En conséquence du réchauffement de la planète, cette plante commence à progresser lentement vers le nord de l'Europe, où l'on en trouve parfois de vastes colonies. Elle semble très sensible au temps, et la population d'un biotope peut varier énormément selon les conditions climatiques de l'année.

Limodorum abortivum

Violet

Famille/sous-famille *Orchidaceae/Epidendrioideae*.

Tribu/sous-tribu *Neottieae*.

Genre *Limodorum*.

Noms courants Violet, limodore à feuilles avortées.

Habitat De la Méditerranée au Caucase. Elle pousse jusqu'à 1 000 m.

Caractéristiques Cette orchidée n'a pas de feuillage vert, elle possède seulement des sépales autour du calice et présente une couleur uniformément violette. Au bout d'une solide hampe florale de 20 à 80 cm se dresse un épi souple chargé de nombreuses fleurs individuelles dont la taille peut atteindre 4 cm. Le labelle clair présente des lignes plus foncées, et se termine en une pointe orientée vers le bas. Les bords se relèvent sur les côtés et entourent un épais et long pistil. Le sépale central se replie comme un parapluie sur la longue gymnosperme. Les pollinies d'un jaune intense contrastent avec le stigmate jaune pâle et le reste de la fleur.

Période de floraison Mai à juin.

Terrain/propagation Cette orchidée, amatrice de terrains calcaires, grandit dans de clairs sous-bois de chênes ou de pins sylvestres, dans des taillis lumineux et parfois dans des prairies ouvertes.

Conseil Cette plante est protégée et exposée à une très grande menace en raison de sa faible capacité de dissémination. Toutefois, par le biais du réchauffement climatique, on peut s'attendre à ce qu'elle se développe quelque peu vers le nord.

INFO

Cette orchidée ne fleurit complètement qu'au cours des années très chaudes et très ensoleillées. Quand les conditions climatiques sont peu favorables, la floraison est absente ou incomplète. Elle peut même intervenir sous terre.

Listera ovata

Grande bifoliée

Famille/sous-famille *Orchidaceae/Epidendrioideae.*

Tribu/sous-tribu *Neottioideae.*

Genre *Listera.*

Noms courants Grande bifoliée, listère à feuilles ovales.

Habitat De l'Europe à l'Himalaya, sous des climats tempérés. Elle fleurit jusqu'à une altitude de 2 000 m.

Caractéristiques À quelques centimètres du sol apparaissent deux feuilles opposées, ovales, résistantes et brillantes, dotées d'une nervure centrale, d'une longueur d'environ 5 à 15 cm, sur une tige peluchée de 20 à 70 cm. La hampe florale est constituée d'un épi souple et long garni de nombreuses fleurs d'environ 1 cm de long, qui poussent à l'extrémité d'un court pétiole et d'ovaires épais apparaissant dans l'axe d'une petite feuille érigée et lancéolée. Le labelle long, jaune-vert, se scinde en deux parties à l'avant et ne possède pas d'éperon. La colonne et les pollinies jaunes se détachent sur le fond vert de la fleur. Toutes les feuilles des fleurs sont bordées de brun clair.

Période de floraison Mai à juin.

Terrain/propagation Cette orchidée aime les claires forêts de feuillus, les prés à herbe rase et les landes. Elle est peu exigeante et se plaît dans les sous-sols acides et basiques.

Conseil La grande bifoliée est protégée et pour le moment, elle n'est nullement menacée. Bien qu'il s'agisse de l'une des espèces les plus courantes, elle passe généralement inaperçue en raison de la fragilité de son allure et de sa couleur verte.

INFO

À la base de son labelle, cette plante produit du nectar. Celui-ci laisse une trace brillante sur le labelle, attirant ainsi de nombreux insectes qui emportent du pollen et assurent la reproduction externe.

Neotinea tridentata

ORCHIS À TROIS DENTS (ORCHIS DENTELÉ)

Famille/sous-famille *Orchidaceae/orchidoideae.*

Tribu/sous-tribu *Orchideae/orchidinae.*

Genre *Neotina.*

Synonymes *Orchis tridentata, Orchis communata, Orchis variegata.*

Habitat Dans le sud des Alpes et le Bassin méditerranéen occidental. Elle pousse jusqu'à une altitude de 1 300 m.

Caractéristiques Cette orchidée disparaît en octobre et prépare en hiver l'apparition d'une rosette érigée, constituée de petites feuilles lancéolées. À l'extrémité de la tige, haute de 15 à 45 cm, se forme un épi rond ou conique, constitué de nombreuses petite fleurs rose-violet, d'une taille de 11 à 17 mm. Les pétales et les sépales forment un heaume demi-ouvert avec une pointe, et l'intérieur est rayé de rouge. Le labelle, un peu plus clair que l'ensemble, est séparé en trois parties dès sa base. Le labelle central s'élargit en son extrémité ; les trois lobes ont la même forme en anse et sont garnis de points et de rayures rouge foncé. L'éperon fin s'allonge vers le bas.

Période de floraison Mai à juin.

Terrain/propagation Ce type d'orchidée aime le soleil et les herbages calcaires, secs et demi-secs.

Conseil Cette plante est protégée et pour le moment, elle ne paraît pas menacée. Il est intéressant de noter qu'il existe des différences morphologiques entre les plantes méditerranéennes et les plantes continentales.

INFO

Neotinea tridentata *(orchis dentelé) et son espèce voisine,* Neotinea ustulata *(orchis brûlé) ne se développent pas dans la même région. On trouve beaucoup d'hybrides aux alentours de l'orchis brûlé.*

Neotinea ustulata

ORCHIS MIGNON

Famille/sous-famille *Orchidaceae/orchidoideae.*

Tribu/sous-tribu *Orchideae/orchidinae.*

Genre *Neotinea.*

Synonymes *Orchis ustulata, Orchis amoena, Orchis parviflora.*

Habitat Cette orchidée est très répandue en Europe, dans les Alpes. Elle pousse jusqu'à une altitude de 2 000 m.

Caractéristiques À la fin de l'automne, cette plante disparaît. En hiver, des rosettes érigées constituées de petites feuilles pointues surgissent. Au bout d'une tige de 10 à 30 cm de haut, la hampe florale se compose d'un gros épi de forme ovale, portant de nombreuses fleurs rouges de 8 à 12 mm. Les pétales et les sépales créent un casque totalement fermé, vert clair à l'intérieur, rayé de vert, et brun-rouge à l'extérieur. L'épi qui fleurit de bas en haut semble roussi, ce qui a fini par donner son nom à l'orchidée. Le labelle blanc, séparé en trois parties à sa base, présente trois pétales incurvés ; l'éperon est mince et incurvé vers l'avant.

Période de floraison Avril à juillet.

Terrain/propagation Cette orchidée aime le soleil et se développe dans les prairies ouvertes, les alpages, les terrains à herbe courte, calcaires, secs, semi-secs ou semi-humides.

Conseil Cette plante est protégée. Lors de sa propagation vers le nord, elle a été presque totalement supplantée par l'orchis à trois dents sur ses positions arrière. Dans les endroits où ces deux orchidées cohabitent, on aperçoit des hybrides des deux espèces.

De plus en plus souvent, ces plantes à tiges fines fleurissent tard dans la saison (au plein cœur de l'été). Lorsqu'elles ont assez d'espace pour se développer, il leur arrive de créer une sous-espèce totalement nouvelle.

INFO

Neottia nidus-avis

NÉOTTIE NID D'OISEAU

Famille/sous-famille *Orchidaceae/Epidendrioideae.*

Tribu/sous-tribu *Neottieae.*

Genre *Neottia.*

Noms courants Néottie nid d'oiseau, nid d'oiseau.

Habitat De l'Europe jusqu'au Caucase. Elle pousse jusqu'à 1 700 m.

Caractéristiques La néottie nid d'oiseau est une plante solide, résistante, totalement dépourvue de chlorophylle, constituée d'une tige épaisse dont la hauteur peut atteindre 60 cm, dotée à sa base de feuilles brun clair et, vers le haut, d'un épi allongé, charnu, de forme cylindrique. L'ensemble de la plante arbore une couleur jaune-vert. Les feuilles supérieures, proches de la fleur, forment ensemble une demi-sphère. L'avant du labelle est un peu plus clair et se divise en deux lobes. Les deux pétales

ronds s'étalent vers les côtés. Le pétale situé le plus à l'arrière est plus foncé. La plante produit du nectar. La colonne presque blanche et les pollinies jaunes créent un contraste coloré avec le reste de l'orchidée.

Période de floraison Mai à juillet.

Terrain/propagation C'est l'une des orchidées les plus courantes sur le continent européen. Peu exigeante, elle grandit à l'ombre, sur un sous-sol basique, dans des sous-bois de feuillus et de pins. Cette orchidée est saprophyte, c'est-à-dire qu'elle vit en symbiose avec des champignons terrestres qui lui fournissent ses nutriments.

Conseil Cette plante est protégée mais, à l'heure actuelle, elle n'est menacée qu'au niveau régional.

INFO

Il existe de nombreuses variétés de cette orchidée, qui se différencient essentiellement par leurs couleurs. Les sujets qui poussent au soleil ont tendance à verdir, ce qui montre qu'elles n'ont pas encore perdu totalement leur capacité à fabriquer de la chlorophylle. Ces plantes sont fécondées de manière externe. Grâce à la fabrication d'un nectar qui attire les fourmis, elles obtiennent une fructification de presque 100 %.

Nigritelle noire

Famille/sous-famille *Orchidaceae/orchidoideae.*

Tribu/sous-tribu *Orchideae/orchidinae.*

Genre *Nigritella.*

Noms courants Nigritelle noire, orchis vanille, nigritelle de Rellikon.

Habitat Dans le sud des Alpes. Elle pousse jusqu'à une altitude de 2 800 m.

Caractéristiques Rosette érigée, constituée de petites feuilles étroites, lancéolées, transparentes. La hampe florale, haute de 10 à 30 cm, se termine par un bouquet serré de fleurs individuelles d'une taille de 1 cm chacune dont le labelle nervuré se termine en une pointe qui rebique vers le haut. Contrairement à d'autres, l'ovaire de cette fleur ne se retourne pas à 180°. Cette espèce pure se subdivise en deux sous-espèces, *Nigritella nigra* subsp. *Austricaca* (orchis autrichien), qui possède une hampe florale large et semi-sphérique, des feuilles un peu plus résistantes et des fleurs rouge foncé, et *Nigritella nigra* subsp. *Rhellicani*, dont la hampe florale rouge foncé est plus longue et hérissée vers le haut. Ses fleurs plus petites diffusent un parfum marqué de chocolat ou de vanille. Leur technique de multiplication est également différente. Les premières créent leur semence sans fructification (apomixie), les secondes possèdent des organes sexués, mais elles s'autofécondent (autogamie).

Période de floraison Juin à août.

Terrain/propagation Exposition ensoleillée sur des sols pauvres, secs, pierreux, acides ou calcaires. La plante se développe de manière individuelle sur les talus et les pentes montagneuses.

Conseil Cette plante est protégée. Tant que les alpages resteront intacts et non exploités économiquement, cette orchidée n'est pas directement menacée.

INFO

Les sous-espèces ont des périodes de floraison différentes : la Rhellicani *fleurit en dernier.*

Ophrys apifera

OPHRYS ABEILLE

Famille/sous-famille
Orchidaceae/orchidoideae.

Tribu/sous-tribu
Orchideae/Orchidinae.

Genre *Ophrys.*

Habitat Régions tempérées de l'Atlantique au Caucase. Elle pousse jusqu'à une altitude de 1 000 m.

Caractéristiques Au cœur d'une rosette érigée constituée de feuilles lancéolées apparaît une hampe florale de 20 à 35 cm de hauteur, dans l'axe de laquelle surgissent des sépales qui ressemblent à des abeilles. Roses à violets, plus rarement blancs, ils sont souvent repliés. Les pétales, petits et pointus, sont généralement de couleur verte. Le labelle est légèrement scindé en trois et fortement peluché. Dans sa partie avant, il est profondément incurvé et d'une couleur marron foncé. La partie basale orange est traversée par une double ligne d'un blanc crémeux. La base du labelle est jaune pâle, avec un point brun de chaque côté (faux yeux). La gymnosperme allongée et l'absence d'éperon sont caractéristiques de cette orchidée.

Période de floraison Juin à juillet.

Terrain/propagation Cette orchidée aime la chaleur et privilégie les expositions au sud. Elle grandit sur des près d'herbe rase semi-secs, des prairies ouvertes, à la lisière des forêts et sur un sous-sol basique, dans les régions calcaires et les sous-bois de pins bien éclairés.

Conseil Cette plante est protégée mais pas véritablement menacée. Le réchauffement climatique peut encourager sa propagation.

INFO

Cette espèce pratique l'autofécondation : les pollinies se rabattent simplement sur le stigmate. Lorsqu'elle voisine Ophrys holoserica *et qu'elle est fécondée par les insectes, on voit souvent fleurir des hybrides des deux espèces.*

Ophrys insectifera

Ophrys mouche

Famille/sous-famille *Orchidaceae/Orchidoideae.*

Tribu/sous-tribu *Orchideae/Orchidinae.*

Genre *Ophrys.*

Noms courants Ophrys mouche, ophrys frelon.

Habitat Régions calcaires d'Europe. Elle pousse jusqu'à 1 500 m.

Caractéristiques Au cœur d'une rosette érigée formée par des feuilles allongées et portant une nervure centrale, apparaît une hampe florale de 15 à 40 cm de haut, dont les fleurs arborent la forme d'un insecte. Les petits sépales verts sont incurvés vers l'extérieur ; les minuscules pétales sont entourés de petites pointes postées de chaque côté, dont la forme évoque des antennes d'insecte. Le labelle, séparé en trois parties dès sa base, de couleur brun foncé, est parfois bordé de jaune. Les pétales latéraux sont légèrement peluchés, tandis que le pétale central l'est beaucoup plus et présente un aspect velouté. La fleur a une caractéristique frappante : une double tache brillante, blanche ou bleu métallisé, au milieu du labelle, ainsi que deux petites taches bleu-noir à droite et à gauche de la base du labelle (faux yeux).

Période de floraison Mai à juillet.

Terrain/propagation Exposition ensoleillée, mais on trouve peu d'orchidées de cette espèce dans les îles véritablement chaudes. Elle grandit plutôt dans des prairies à herbe courte, semi-sèches, sur un sous-sol basique, à la lisière des forêts, dans les prairies et dans les sous-bois clairs de pins et de pins sylvestres.

Conseil Cette plante est protégée mais jusqu'à présent, elle n'est pas menacée.

INFO

Cette espèce relativement rare donne un exemple de mimétisme sexuel : la plante constitue des leurres sexuels pour attirer les guêpes gorytes, de sorte que l'insecte mâle cherche un accouplement. Ce faisant, il se charge de pollen ou le transmet, assurant la reproduction de l'orchidée.

Orchis mascula

Orchis mâle

Famille/sous-famille *Orchidaceae/orchidoideae.*

Tribu/sous-tribu *Orchideae/orchidinae.*

Genre *Orchis.*

Noms courants Orchis mâle, satyrion mâle.

Habitat Plante commune dans toute l'Europe sauf en bordure méditerranéenne. Elle pousse jusqu'à une altitude de 2 600 m.

Caractéristiques Rosette érigée qui surgit au milieu de feuilles vertes à grosses taches noires ou à fines rayures noires. La hampe florale

fait de 20 à 50 cm de haut et se termine par un long épi souple, garni de nombreuses fleurs roses à violettes. Le sépale du milieu et les pétales forment un casque. Les sépales latéraux s'étalent vers le bas ou parfois, chez *Orchis mascula* subsp. *mascula*, ils sont fortement incurvés vers l'arrière, alors que chez *Orchis mascula* subsp. *signifera*, ils sont fortement incurvés vers l'avant. Le labelle en trois parties est souvent plus clair. L'éperon allongé, de forme cylindrique, est très érigé et beaucoup plus long que l'ovaire.

Période de floraison Mai à juin.

Terrain/propagation Cette orchidée privilégie les terrains argileux, pauvres en calcaire et en nutriments, plutôt secs. Elle pousse sur les pentes montagneuses, dans les prairies semi-sèches et ouvertes, à proximité des taillis garnis de baies et dans les sous-bois bien éclairés.

Conseil Cette plante est protégée, mais elle n'est pour l'instant pas menacée en raison de sa grande adaptabilité.

INFO

Dans les régions où cette orchidée cohabite avec d'autres sous-espèces, les variétés peuvent être nombreuses. Étant donné que les deux sous-variétés les plus courantes ne se différencient que par la forme des sépales latéraux, il est difficile de les distinguer des variantes naturelles.

Orchis militaire

Famille/sous-famille *Orchidaceae/orchidoideae.*

Tribu/sous-tribu *Orchideae/orchidinae.*

Genre *Orchis.*

Noms courants Orchis militaire, orchis casqué, orchis guerrier.

Habitat Présente dans toute l'Europe, assez rare dans les régions méditerranéennes. Elle pousse jusqu'à une altitude de 1 700 m.

Caractéristiques Sa rosette érigée apparaît au cœur de solides feuilles allongées d'un vert brillant, qui se tiennent à la verticale. Une hampe florale de 25 à 50 cm se termine par un épi pyramidal aux fleurs fournies. Les sépales rose clair et les pétales roses composent un casque qui reste partiellement ouvert, dont l'intérieur est paré de rayures rose-violet. Le labelle, divisé en trois parties, foncé sur le bord et plus clair au milieu, est long de 1 à 2 cm, peluché en rose-violet et de nouveau divisé à l'avant. L'éperon est deux fois plus petit que l'ovaire qui est volumineux et tend à bomber vers le bas.

Période de floraison Mai à juillet.

Terrain/propagation Exposition ensoleillée de préférence sur un terrain semi-humide et chaud, des sols calcaires et argileux, pauvres en nutriments ; parfois également dans des régions humides. Cette orchidée pousse sur l'herbe courte, dans les prairies à usage extensif, les terrains semi-secs, à proximité de taillis et à la lisière de forêts.

Conseil Cette plante est protégée. Pour l'instant, elle n'est pas menacée. Grâce au réchauffement climatique, elle pourrait même se propager.

INFO

En Allemagne, il existe une superbe forme hybride de cette orchidée, croisée avec Orchis anthropophora *(sans éperon). Elle résulte de l'intervention humaine par l'élevage.*

Platanthera bifolia

Plathanthère à deux feuilles

Famille/sous-famille
Orchidaceae/orchidoideae.

Tribu/sous-tribu
Orchideae/orchidinae.

Genre *Plantanthera.*

Noms courants Plathanthère à deux feuilles, jacinthe des bois à deux feuilles.

Habitat Europe, jusqu'à la Mongolie et la Sibérie. Elle pousse jusqu'à une altitude de 2 100 m.

Caractéristiques On voit uniquement apparaître deux feuilles opposées, petites et ovales, au ras du sol. Surgit ensuite une hampe florale de 15 à 60 cm de haut, qui porte de petites feuilles accompagnant les fleurs ; le bouquet est composé d'une grappe de fleurs souples qui répandent le soir un doux parfum rappelant celui des jacinthes. C'est à cette caractéristique que la jacinthe des bois doit son appellation, mais elle n'a rien à voir avec la jacinthe authentique (*Hacinthus orientalis*). Les pétales et le sépale du milieu forment un casque ; les sépales sont disposés de chaque côté.

Le labelle, long et étroit, arbore la forme d'une langue pendante ; à sa base se trouve un éperon de 2 à 5 cm de long, producteur de nectar, plus large à sa base qu'à sa pointe.

Période de floraison Mai à août.

Terrain/propagation Largement répandue, cette orchidée prospère à la fois sur des sous-sols acides et basiques. Malgré tout, on la trouve, dispersée ou en groupe, de préférence dans des terrains acides, pauvres en nutriments, et dans des sols argileux plus ou moins humides. Elle grandit dans les sous-bois, les taillis, les landes et les prairies peu luxuriantes.

Conseil Cette plante est protégée, mais pour le moment elle n'est pas menacée. La plathanthère à deux feuilles est une orchidée qui peut se présenter sous de multiples formes. On trouve souvent des sujets hybrides, croisés avec *Platanthera chlorantha*.

INFO

Dans les régions aux terres particulièrement pauvres pousse une variante, Platanthera bifolia *subspc.* gracilis.

Platanthera chlorantha

PLATHANTHÈRE À FLEURS VERDÂTRES

Famille/sous-famille *Orchidaceae/orchidoideae.*

Tribu/sous-tribu *Orchideae/orchidinae.*

Genre *Platanthera* (plathanthère).

Noms courants Plathanthère à fleurs verdâtres, jacinthe verte des bois, orchis des montagnes.

Habitat Europe. Elle pousse jusqu'à 1 800 m.

Caractéristiques Cette orchidée ne possède que deux feuilles opposées, petites et ovales, au ras du sol. Surgit ensuite une hampe florale de 20 à 60 cm de haut, très résistante, qui porte de petites feuilles accompagnant les fleurs ; le bouquet est composé d'une grappe de fleurs souples, blanches à vertes. Les pétales et le sépale du milieu forment un casque ; les autres feuilles sont disposées de chaque côté. Le labelle, long et étroit, arbore la forme d'une langue pendante ; à sa base se trouve un éperon de 2 à 5 cm de long, producteur de nectar, plus large à sa base qu'à la pointe. Le sac des pollinies pend de biais, ce qui est une des caractéristiques de cette espèce.

Période de floraison Mai à août.

Terrain/propagation La jacinthe verte des bois aime la demi-pénombre, les terres calcaires et humides, riches en nutriments. Elle grandit dans les forêts de pins, les sous-bois de bouleaux clairs, les prairies et les taillis.

Plathanthère à fleurs verdâtres *Platanthera chlorantha*

Conseil Cette plante est protégée, mais elle n'est pas menacée pour l'instant.

INFO

Les formes hybrides, croisées avec Platanthera bifolia *(platanthère à deux feuilles) sont fréquentes, car elles aiment des lieux du même type et sont fécondées de manière externe.*

Spiranthes aestivalis

SPIRANTHE D'ÉTÉ

Famille/sous-famille *Orchidaceae/Orchidoideae.*

Tribu/sous-tribu *Cranichideae/Spiranthinae.*

Genre *Spiranthes.*

Nom courant Spiranthe d'été.

Habitat Cette fleur devenue très rare pousse jusqu'à une altitude de 1 100 m.

Caractéristiques Rosette érigée garnie de feuilles lancéolées et tige très peluchée, résistante, d'une hauteur de 10 à 30 cm, constituée d'un épi souple se terminant par une grande quantité de petites fleurs blanches. Les pétales et les sépales des fleurs, qui tournent en spirale à l'extrémité de la tige, forment une sorte de tube pointant vers l'avant à son extrémité, qui ressemble à une couture. Le labelle, un peu plus large et légèrement pendant, se termine de la même manière en formant un bouton rond. Il n'y a pas d'éperon. La hampe florale donne l'impression de toujours vouloir se tourner vers le soleil, ce qui expliquerait la spirale.

Période de floraison Juillet à août.

Terrain/propagation Exposition ensoleillée, mais cette orchidée a besoin d'un sous-sol humide et d'une forte humidité de l'air ambiant ; elle grandit sur des pentes calcaires, pauvres en nutriments, des landes et des prairies marécageuses.

Conseil La spiranthe d'été, jadis répandue sur les rives du Rhin, est devenue aujourd'hui l'une des orchidées sauvages les plus rares qui soient. Elle est protégée et en grand danger d'extinction. L'assèchement des derniers biotopes existants pourrait sonner sa dernière heure. En outre, elle est très peu armée pour résister à la concurrence et se voit aisément supplantée par les autres végétaux.

INFO

La spiranthe d'été a une floraison courte et ne parvient malheureusement pas toujours à une fructification complète. En automne, elle disparaît dans le sol.

Traunsteinera globosa

Orchis globuleux

Famille/sous-famille *Orchidaceae/Orchidoideae.*

Tribu/sous-tribu *Orchideae/Orchidinae.*

Genre *Traunsteinera.*

Noms courants Orchis globuleux, orchis globosa.

Habitat Surtout dans les Alpes et les Préalpes. Elle pousse jusqu'à une altitude de 3 000 m.

Caractéristiques Plante longue et haute de 20 à 60 cm, dont les petites feuilles étroites et lancéolées, bleu-vert, se répartissent verticalement sur la tige. Les nombreuses petites fleurs individuelles, rose clair, constituent une boule ronde ou ovale d'allure serrée. L'orchis globuleux doit son nom à la forme de son inflorescence qui, lorsque la floraison est complète, devient semi-sphérique. Les sépales sont pointus à leur extrémité. Le labelle en trois parties est d'un rose violet sombre et se termine par un éperon court.

Période de floraison Juin à juillet.

Terrain/propagation Cette orchidée avide de lumière et de soleil aime les terrains pierreux, calcaires et pauvres en nutriments, les terres humides, les prairies de montagne et les zones d'herbe courte. Elle est même capable de se développer dans les broussailles. Elle s'étiole si elle est confrontée à un excès d'ombre.

Conseil Cette plante est protégée. L'orchis globuleux fait partie des orchidées non gélives. En raison du danger qui la menace au niveau régional, il est vital de préserver ses biotopes.

INFO

Le orchis globuleux est généralement solitaire et de ce fait, sa reproduction est lente. On trouve parfois des variantes à inflorescences blanches.

Orchidées exotiques

Acineta superba

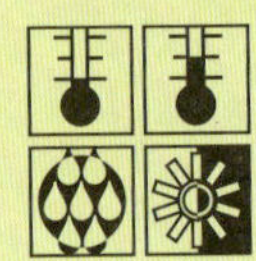

Famille/sous-famille *Orchidaceae/Epidendroideae.*

Tribu/sous-tribu *Congoreae/Stanhopinae.*

Genre *Acineta.*

Origine/propagation Nord de l'Amérique du Sud. Orchidée à croissance épiphyte, jusqu'à 2 500 m.

Synonymes *Acineta fulva, Acineta humboldtii, Peristeria humboldtii, Anguloa superba.*

Développement À partir de 2 pseudobulbes vigoureux ronds, se développent 2 larges feuilles arquées et pliées longitudinalement, de 30 cm. Les tiges des hampes florales en grappes, nourries par le substrat, poussent vers le bas. La hampe florale, de 10 à 15 m, est constituée de fleurs de grande taille, lourdes et d'aspect cireux, dont la floraison est éphémère. La couleur de la fleur, qui ne s'ouvre pas entièrement, varie du jaune pâle tacheté de rouge au vieux rose.

Période de floraison Le printemps et le début de l'été.

Période de repos En hiver, avant la floraison, pour la maturation des bulbes.

Température/lumière/humidité ambiante Température fraîche à tempérée. La plante a besoin d'énormément de lumière mais pas d'ensoleillement direct, et d'une forte humidité ambiante.

Culture/entretien Dans une corbeille suspendue, drainée, avec un substrat laissant passer l'eau, constitué d'écorces pilées, qui donnera naissance aux fleurs. Pendant la floraison, arrosez abondamment et faites un apport d'engrais tous les quinze jours. Vaporisez régulièrement. Pour aider à la maturation des bulbes, gardez la plante dans un endroit frais mais clair, arrosez très peu et n'apportez pas d'engrais pendant la période de repos. La croissance des fleurs ne commence que lorsque les bulbes sont mûrs. Le processus est très lent.

Particularités Les fleurs d'*Acineta superba* se développent sous les bulbes, c'est pourquoi il faut cultiver cette orchidée dans une corbeille.

INFO

Une plante superbe pour les amoureux des orchidées qui disposent d'une grande expérience.

Ada aurantiaca

Famille/sous-famille *Orchidaceae/Vandoideae.*

Tribu/sous-tribu *Cymbidieae/Oncidiinae.*

Genre *Ada.*

Origine/propagation Venezuela, Colombie, Équateur ; croissance épiphyte.

Synonymes *Mesospinidium auratiacum, Mesospinidium cinnabarinum, Ada cinnabarina, Ada lehmannii, Brassia cinnabaria, Oncidium cinnabarinum.*

Développement Cette orchidée fait surgir de ses pseudobulbes plusieurs feuilles pendantes et coriaces lancéolées, ainsi que 1 ou 2 hampes florales. La panicule, tombante et longue, arbore la forme d'un petit calice. La floraison commence par son extrémité : de petites fleurs en forme d'étoiles, dotées de longs sépales et de longs pétales, s'ouvrent progressivement. La couleur du labelle, tout aussi pointu mais un peu plus petit, s'accorde avec le ton un peu plus clair des autres pétales.

Période de floraison L'hiver et le printemps.

Période de repos Après la floraison.

Température/lumière/humidité ambiante Atmosphère fraîche à tempérée ; luminosité moyenne à mi-ombre et température moyenne ; forte humidité et beaucoup d'air frais.

Culture/entretien Plante en pot. Pendant la croissance, faites un apport d'engrais en ne mettant qu'une demi-dose de produit, et faites en sorte que la terre reste humide. Évitez toutefois qu'elle ne soit détrempée et arrosez avec modération pendant la période de repos, qui commence souvent en hiver. En cette saison, la température nocturne ne doit pas dépasser 10 °C. En été, la température environnante doit également rester basse.

Particularités Une baisse de température nocturne de 5 °C minimum déclenche la floraison. En présence de conditions favorables, cette plante fleurit plusieurs fois dans l'année.

INFO

Il s'agit d'une plante pour amateurs avertis qui manient bien le substrat adéquat et savent reproduire les semences.

Angraecum distichum

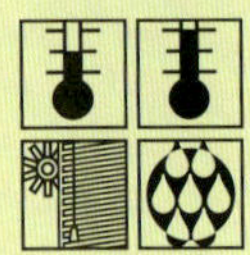

Famille/sous-famille *Orchidaceae/Epidendroideae.*

Tribu/sous-tribu *Vandeae/Angraecinae.*

Genre *Angraecum.*

Origine/propagation
Afrique tropicale ; croissance épiphyte.

Développement Les feuilles érigées, en forme de triangle arrondi et présentées sur deux rangs, poussent de la base jusqu'au sommet sur une tige épaisse, haute de 10 à 15 cm. Dans l'axe des feuilles apparaissent des petites fleurs de 0,5 cm, parfumées, d'un blanc extrêmement pur, qui séparent légèrement les feuilles. Les petits pétales ovales à pointe fine forment une sorte de tuyau aux sépales plus longs. Le labelle, qui se termine également en pointe, présente des côtés légèrement repliés vers l'intérieur. Il prolonge légèrement le tuyau.

Période de floraison Toute l'année, selon l'environnement.

Période de repos Aucune période prédéfinie.

Température/lumière/humidité ambiante Atmosphère chaude à tempérée ; 18 à 24 °C dans la journée, 13 à 16 °C la nuit. Emplacement lumineux sans ensoleillement direct, bien aéré, forte humidité ambiante.

Culture/entretien Plante en pot ou tuteurée, *Angraecum distichum* doit être arrosée toute l'année à l'aide d'eau pauvre en calcaire, et nourrie tous les quinze jours avec un engrais faiblement concentré. Pour l'entretien en pot, privilégiez un substrat bien aéré. Si nécessaire, rempotez au début de l'année ; évitez de détremper le substrat. Lorsque l'air circule mal, la plante souffre fréquemment de l'invasion de champignons (taches sur les feuilles).

Particularités Cette orchidée est facile à reproduire. Il suffit de détacher un court rameau et de le planter directement dans un substrat bien aéré.

INFO

Cette plante convient aux amateurs avertis. Les racines sont très sensibles au sel, il faut donc que l'eau puisse être évacuée facilement du pot et que le substrat ait eu le temps de s'en imprégner.

Angraecum sesquipedale

Étoile de Madagascar

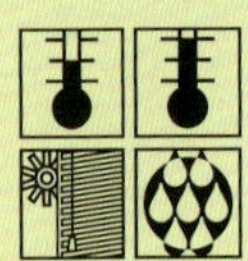

Famille/sous-famille *Orchidaceae/Epidendroideae.*

Tribu/sous-tribu *Orchideae/Angraecinae.*

Genre *Angraecum.*

Origine/propagation Madagascar ; croissance épiphyte.

Développement Sur la tige de l'étoile de Madagascar, plante monopodiale, on trouve de petites feuilles linéaires et étroites, d'une longueur d'environ 25 cm, d'allure coriace, scindées en deux à leur extrémité. Les racines épaisses, rigides et claires sont peu résistantes. Les fleurs individuelles, en forme d'étoiles, d'aspect cireux, arborent une couleur blanc crème. Elle poussent dans l'axe des feuilles et peuvent atteindre 15 cm de largeur. Les sépales sont vert pâle. Le labelle est à peine plus petit que les feuilles proches des fleurs, et comme les 2 autres pétales, situés à l'extrémité avant, il est retroussé vers l'arrière. L'éperon d'un vert léger, mince et retroussé vers l'arrière, contient du nectar et présente une longueur de 25 à 40 cm. À la floraison apparaissent 5 à 6 fleurs chargées de parfum, surtout vers le soir.

Période de floraison L'hiver.

Période de repos Pas de période prédéfinie.

Température/lumière/humidité ambiante Climat tempéré à chaud ; cette orchidée s'épanouit mieux avec des températures diurnes de 21 à 29 °C et des températures nocturnes de 18 à 21 °C. Elle aime les emplacements lumineux mais tolère une ombre légère. Elle apprécie une bonne humidité ambiante et doit être bien aérée. Plus la température est

élevée, plus elle a besoin d'humidité.

Culture/entretien
Au mieux, cultivez cette plante dans un grand pot bien drainé, garni d'un substrat à base d'écorces grossières. Arrosez régulièrement toute l'année et faites un apport d'engrais peu concentré. Laissez sécher légèrement en hiver.

Particularités Ne rempotez que lorsque c'est absolument nécessaire. Ce faisant, veillez à ce que les racines fragiles ne soient pas endommagées.

Cette plante arbore une taille imposante, pouvant atteindre une hauteur de 90 cm. Elle doit être confiée à des mains expertes.

INFO

Ansellia africana

ORCHIDÉE LÉOPARD

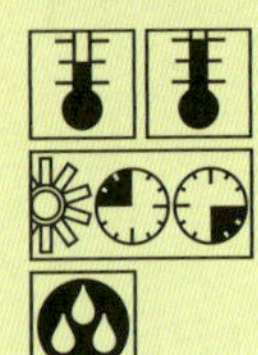

Famille/sous-famille *Orchidaceae/Vandoideae.*

Tribu/sous-tribu *Cymbidieae/Cyrtopodiinae.*

Genre *Ansellia.*

Origine/propagation Afrique de l'Ouest ; croissance épiphyte.

Synonymes *Ansellia confusa, Ansellia humilis, Ansellia gigantea, Ansellia congoensis.*

Développement Sur le pseudobulbe allongé de l'orchidée léopard, qui peut atteindre 40 cm, se forment plusieurs feuilles longues, lancéolées, ainsi qu'une hampe florale ramifiée portant quelques fleurs souples d'environ 4 cm. Les sépales et les pétales allongés, de forme ovale, présentent des points rouges à bruns ou des rayures en grande concentration à leur extrémité, alors que le labelle, nettement plus petit, est d'un jaune brillant. Cette orchidée présente une particularité, la présence de racines aériennes dures et pointues qui s'enroulent autour des buissons à partir de la base du pseudobulbe. Sans doute serventelles à protéger la plante des appétits de prédateurs gourmands.

Période de floraison Le printemps.

Période de repos À partir du mois d'octobre.

Température/lumière/humidité ambiante Climat chaud à tempéré ; même en hiver, la température ne doit pas descendre en dessous de 17 °C. En été, elle ne doit pas dépasser 30 °C. Emplacement très clair avec ensoleillement le matin et l'après-midi, mais avec un peu d'ombre vers midi. Conditions d'humidité ambiante normales.

Culture/entretien Plante en pot. Les récipients plats sont adaptés lorsqu'ils sont garnis d'un substrat structuré et aéré, à base d'écorces écrasées. Pendant la croissance, faites un apport d'engrais toutes les deux à trois semaines et arrosez abondamment. Veillez toutefois à ne pas détremper le substrat. Avant la période de repos, vers le mois de septembre, raréfiez les arrosages, et pendant la période de repos, entre le mois d'octobre et la formation de nouvelles pousses, ne faites pas d'apport d'engrais et arrosez très peu. Le substrat ne doit jamais être totalement sec. Évitez de rempoter trop souvent, cela perturbe la floraison.

Particularités Cette orchidée convient à la culture en serre pendant l'hiver. Pendant l'été, elle peut rester à l'extérieur.

INFO

Il s'agit d'une plante que peuvent cultiver des néophytes disposant d'un peu d'expérience. Les bulbes de cette orchidée sont utilisés par les Africains pour soigner diverses douleurs. Ils sont sucés ou mâchés.

Bifrenaria harrisoniae

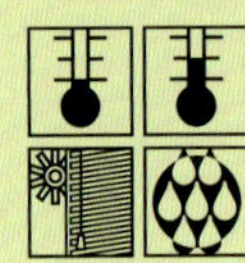

Famille/sous-famille *Orchidaceae/Vandoideae.*

Tribu/sous-tribu *Maxillarieae/Bifrenariinae.*

Genre *Bifrenaria.*

Origine/propagation Pérou, Brésil, Venezuela, nord de l'Amérique du Sud ; croissance épiphyte mais plus généralement lithophyte.

Synonymes *Lycaste harrisoniae, Dendrobium harrisoniae, Maxillaria harrisoniae, Stanhopea harrisoniea.*

Développement Les pseudobulbes de forme ronde donnent une plante d'environ 20 à 30 cm. Généralement, cette orchidée ne porte qu'une grande feuille large, lancéolée et nervurée. Les tiges courtes qui nourrissent la fleur apparaissent au début de l'année à la base du bulbe de l'année précédente et donnent 1 ou 2 fleurs, de couleur crème et d'aspect cireux, d'environ 8 cm. Les sépales et les pétales ronds sont dressés derrière le labelle, plus petit, rouge foncé et d'aspect velouté, dont les parties latérales érigées ont des bords frisés.

Période de floraison Le printemps et l'automne.

Période de repos À partir de la fin de l'automne.

Température/lumière/humidité ambiante Climat frais à tempéré. Les températures hivernales ne doivent pas descendre en dessous de 14 °C ; les températures estivales doivent rester en dessous de 30 °C. L'emplacement est éclairé mais sans ensoleillement direct ; l'humidité de l'air doit être d'au moins 60 %.

Culture/entretien
Plante en pot avec un substrat laissant passer l'eau, ou palissée. Pendant la croissance, faites un apport d'engrais tous les 15 jours, et vaporisez tous les matins. Évitez de détremper le substrat. Au début de la phase de développement, augmentez peu à peu les apports d'eau. Avant la fin de la période de repos, en automne, réduisez progressivement les arrosages et faites un dernier apport d'engrais. Pendant la période de repos, la plante doit être placée dans un endroit clair et frais. N'arrosez que pour éviter que le dessèchement du substrat. À la fin de la période de repos, les bulbes peuvent avoir un aspect légèrement fripé. Ne rempotez la plante que si cela est nécessaire.

Particularités Il est possible d'installer la plante à l'air libre pendant l'été, lorsque la température est supérieure à 14 °C.

INFO

Il s'agit d'une plante pour débutants, qui se plaira sur un bord de fenêtre. Elle supporte toutes les expositions et il est facile d'assurer sa reproduction à partir des bulbes résiduels.

Bletilla striata

ORCHIDÉE JACINTHE

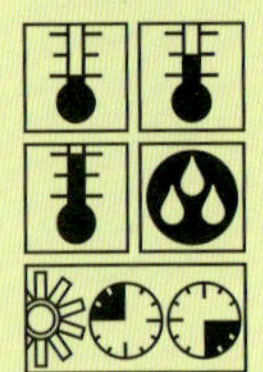

Famille/sous-famille *Orchidaceae/Epidendroideae.*

Tribu/sous-tribu *Arethuseae/Bletiinae.*

Genre *Bletilla.*

Origine/propagation Asie de l'Est, Taiwan, Japon ; croissance terrestre.

Synonymes *Bletia gebina, Bletia hyacinthina, Bletia striata, Bletilla gebina, Bletilla hyacintha, Calanthe gebina, Cymbidium hyacinthinum, Cymbidium striatum, Epidendrum tuberosum, Gyas humilis, Jimensia striatum, Limodorum striatum.*

Développement Chez cette orchidée, haute de 20 à 60 cm, les tiges portant les feuilles et les fleurs proviennent des pseudobulbes enterrés. Elles sont allongées ou lancéolées, pliées dans le sens de la longueur et parfois tachetées de blanc. Elles ont 40 cm de long et 5 cm de large. La hampe florale, haute d'environ 20 cm, verticale, porte plusieurs grosses fleurs érigées, rose-violet et d'environ 3,5 cm de diamètre. Les sépales et les pétales longs et pointus entourent le labelle tripartite, dont la partie avant est d'un rose violet foncé et l'intérieur strié de blanc, en forme de casque.

Période de floraison La fin du printemps et le début de l'été.

Période de repos L'hiver.

Température/lumière/humidité ambiante Climat chaud, tempéré, mais également frais : cette orchidée n'a pas de préférences particulières. Elle aime les emplacements clairs avec ensoleillement direct le matin et l'après-midi, un peu d'ombre vers midi et une aération normale.

Culture/entretien Plante en pot avec un substrat constitué d'un compost sablonneux, ou cultivé dans des endroits bien protégés dans le jardin. En cas de gel important, cette plante doit cependant être portée à l'intérieur ; jusqu'à - 7 °C, il suffit de la couvrir soigneusement. Arrosez abondamment au printemps et en été. Au début de l'année, fournissez-lui un engrais composté. À l'automne, réduisez progressivement les arrosages. Lorsque les feuilles tombent, faites juste en sorte que le substrat reste humide. Les apports d'eau reprendront et augmenteront progressivement dès l'instant où les nouvelles pousses apparaîtront.

Particularités L'orchidée jacinthe résiste au froid jusqu'à - 7 °C. Néanmoins, elle doit être protégée par un paillage si vous souhaitez qu'elle passe l'hiver dehors.

INFO

Une plante pour les débutants, relativement facile d'entretien, qui supporte les températures les plus variées.

BRASSAVOLA CUCULLATA

Famille/sous-famille *Orchidaceae/Epidendroideae.*

Tribu/sous-tribu *Epidendreae/Orchidinae.*

Genre *Brassavola.*

Origine/propagation Antilles, Amérique du Nord, centrale et du Sud ; croissance épiphyte.

Synonymes *Bletia cucullata, Brassavola appendiculata, Brassavola cuspidata, Brassavola elongata, Brassavola odoratissima, Cymbidium cucullatum, Epidendrum cucullatum.*

Développement De chaque pseudobulbe surgit une seule feuille étroite, charnue et coriace, longue de 25 à 30 cm. La hampe florale pendante, qui donne des fleurs allant du blanc au vert bleuté, dure longtemps et diffuse un léger parfum de citron ; à la différence des sépales et des pétales vert pâle, le labelle large, en forme de cœur, est d'un blanc pur. Il présente des franges sur ses bords ainsi que sur sa longue pointe.

Période de floraison L'été et l'automne.

Période de repos L'hiver, quand les pousses ont excédé leur maturité.

Température/lumière/humidité ambiante Atmosphère chaude à tempérée ; emplacement très clair avec ensoleillement direct le matin et l'après-midi. Cette orchidée a besoin d'une humidité ambiante oscillant entre 50 et 80 % et d'une bonne aération.

Culture/entretien Dans un pot rempli d'un substrat bien aéré, avec une part non négligeable d'éléments anorganiques ou un peu de liège. Pendant la croissance, arrosez régulièrement tout en évitant de noyer la motte, et faites un apport d'engrais toutes les deux à trois semaines. En dehors de la phase de développement, arrosez peu et ne faites pas d'apport d'engrais. Une bonne aération des racines, surtout la nuit, protège la plante des parasites et du pourrissement. Au cours de la saison chaude, l'orchidée peut être entreposée dehors, dans un endroit bien abrité.

Particularités Ne coupez pas la tige florale après la floraison car une seconde floraison survient parfois.

INFO

Cette orchidée est une plante pour amateurs avertis. Si elle se trouve dans un endroit très clair, ses feuilles prennent une teinte rouge.

Brassavola nodosa

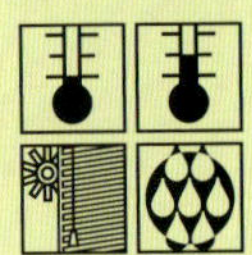

Famille/sous-famille *Orchidaceae/Epidendroideae.*

Tribu/sous-tribu *Epidendreae/Laeliinae.*

Genre *Brassavola.*

Origine/propagation Sud du Mexique, Amérique centrale, Venezuela, Pérou, Antilles ; croissance épiphyte.

Développement Une feuille charnue, coriace et étroite, de 25 à 30 cm, pousse à partir de chaque pseudobulbe. La tige florale porte des grappes de fleurs blanches à vert clair, qui diffusent la nuit un parfum agréable. Les longs sépales et les pétales vert clair font plus penser à des feuilles qu'à des fleurs, par contraste avec le labelle en forme d'entonnoir, d'un blanc pur piqueté de points violets à l'extérieur et d'une tache jaune à l'intérieur. Il n'a pas d'éperon et sa partie avant est repliée vers le bas en un arc mince.

Période de floraison Variable ; généralement l'hiver ou le printemps.

Période de repos Longue période de repos pendant l'été.

Température/lumière/humidité ambiante Atmosphère fraîche à tempérée. La température diurne que préfère la plante oscille entre 18 et 24 °C. La nuit, elle apprécie de 13 à 16 °C. Son emplacement doit être clair mais légèrement ombragé ; l'humidité ambiante ne doit jamais descendre en dessous de 60 %.

Culture/entretien Dans une petite corbeille remplie d'un substrat aéré ou attachée à une planchette en liège. Pendant la période de croissance, il convient d'arroser régulièrement et abondamment, et de faire un apport d'engrais tous les quinze jours ; laissez la plante à elle-même pendant l'été. Au cours de la période de repos, arrosez seulement pour humidifier la motte et ne faites pas d'apport d'engrais. Lorsque les premières pousses sont visibles, augmentez progressivement les arrosages et apportez une dose modérée d'engrais.

Particularités En raison de son parfum et de la forme originale de son labelle, cette orchidée est extrêmement appréciée.

INFO

Il s'agit d'une plante pour débutants avertis. Les racines de cette orchidée sont très sensibles à l'excès d'humidité.

BRASSIA VERRUCOSA

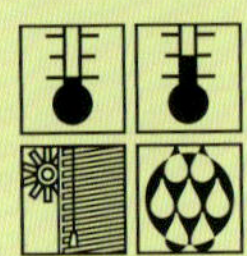

Famille/sous-famille *Orchidaceae/Vandoideae.*

Tribu/sous-tribu *Cymbidieae/Oncidiinae.*

Genre *Brassia* (orchidée araignée).

Origine/propagation Amérique du Sud ; croissance épiphyte.

Synonymes *Brassia odontoglossoides, Brassia ophioglossoides, Brassia arristata, Brassia brachiata, Brassia coryandra, Brassia longiloba, Oncidium brachiatum, Onocidum verrucosum.*

Développement Cette orchidée fait surgir 2 feuilles coriaces et elliptiques de 20 à 40 cm de chacun de ses pseudobulbes ovoïdes, ainsi que 2 tiges florales érigées de la même longueur. La panicule, qui peut atteindre 50 cm, ouvre ses fleurs symétriques de 15 cm les unes après les autres, à un rythme soutenu. Les sépales et les pétales sont longs, minces et arborent une tonalité vert clair. Les pétales se replient vers l'intérieur, de sorte qu'ils se croisent à hauteur du gynostème. Le labelle blanc s'élargit vers l'avant en une forme de cœur et présente une extrémité pointue ; au niveau de sa base étroite, il arbore des pointillés vert foncé, bruns ou rouge-brun.

Période de floraison Le printemps et l'été.

Période de repos Pas de calendrier prédéfini.

Température/lumière/humidité ambiante Atmosphère fraîche à tempérée. Cette orchidée préfère une température diurne oscillant entre 18 et 28 °C et une température nocturne de 13 à 18 °C. L'emplacement doit être clair mais sans ensoleillement direct. Il faut une forte humidité ambiante.

Culture/entretien Dans un pot avec un substrat laissant passer l'eau. Toute l'année, arrosez régulièrement mais avec modération et faites de rares apports d'engrais. Pendant la croissance, arrosez bien et faites un apport d'engrais toutes les trois semaines ; évitez de détremper le substrat ou de laisser sécher les racines. Vaporisez régulièrement le feuillage. Rempotez selon les besoins. Si vous procédez à une division, laissez au moins 3 bulbes anciens par plante.

Particularités Les fleurs vivent de quatre à cinq semaines. Il est possible de procéder à une reproduction à partir des bulbes surnuméraires.

INFO

Brassia verrucosa *est une plante pour débutants un peu avertis.*

BULBOPHYLLUM AMBROSIA

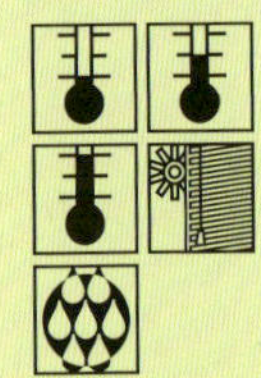

Famille/sous-famille *Orchidaceae/Epidendroideae.*

Tribu/sous-tribu *Epidendreae/Bulbophyliinae.*

Genre *Bulbophyllum.*

Origine/propagation Chine ; croissance épiphyte ou lithophyte.

Développement Cette orchidée est caractéristique de son genre en raison de son inflorescence particulière. Les feuilles allongées et ovales, d'une longueur d'environ 6 cm, nervurées au centre et d'aspect coriace, surgissent des pseudobulbes qui mesurent de 5 à 8 cm et sont attachés à un rhizome aux très fines racines. Les fleurs individuelles, dont l'extérieur est rouge-brun, présentent des sépales ovales, blancs striés de rouge-brun, ainsi que des petits pétales triangulaires d'aspect cireux, qui profilent leurs nuances rouge-brun derrière le labelle blanc à bords rouges, en forme de langue.

Période de floraison Le printemps.

Période de repos Pas de période de repos prédéfinie.

Température/lumière/humidité ambiante Atmosphère fraîche à tempérée ou chaude. La plante apprécie les températures oscillant entre 18 et 22 °C, avec une chute nocturne jusqu'à environ 15 °C. En hiver, elle aime particulièrement les emplacements clairs, sans ensoleillement direct. Elle a besoin d'une humidité ambiante supérieure à 50 %.

Culture/entretien En pot, dans un récipient plat ou une corbeille emplie d'un substrat à base d'écorces. Au cours de la période de croissance, arrosez régulièrement et généreusement, ne vaporisez que de manière occasionnelle. Pendant la période de repos, notamment lorsqu'elle est parvenue à sa taille adulte et que les fleurs sont tombées, espacez les arrosages. Ne rempotez que si cela est strictement nécessaire. En effet, l'orchidée réagit souvent en cessant de se développer.

Particularités Cette orchidée peut être tuteurée. Dans ce cas, il faut disposer d'une serre dont l'atmosphère sera suffisamment humide, sans quoi le substrat sèche trop vite.

INFO

Les débutants apprécieront cette plante extrêmement solide, qui se plaît sur un rebord de fenêtre mais qui a besoin de beaucoup d'espace car elle se développe très vite, comme une mauvaise herbe.

BULBOPHYLLUM FALCATUM

Famille/sous-famille *Orchidaceae/Epidendroideae.*

Tribu/sous-tribu *Epidendreae/Bulbophyllinae.*

Genre *Bulbophyllum.*

Origine/propagation Guinée, Ghana, Togo, Nigeria ; croissance épiphyte ou lithophyte.

Synonymes *Bulbophyllum dahlemense, Bulbophyllum hemirhachis, Bulbophyllum leptorrhachis, Bulbophyllum oxyodon, Bulbophyllum ugandae, Megaclinium edotrachys, Phyllorchis falcata.*

Développement Cette orchidée, haute de 20 à 30 cm, est dotée de petits pseudobulbes ronds sur lesquels poussent 2 ou 3 feuilles lancéolées ou de forme ovoïdale. La hampe florale érigée, au parfum désagréable, est épaisse et d'un vert rougeâtre ; elle porte de minuscules fleurs individuelles en épis, disposées de part et d'autre de la tige. Les fleurs roses et jaunes sont si petites que l'on en trouve au moins 10 par centimètre carré de plante. Les sépales et les pétales ronds et rouges sont disposés en cercle autour du grand labelle jaune proéminent.

Période de floraison Le printemps et l'été.

Température/lumière/humidité ambiante Atmosphère chaude à tempérée ; emplacement clair mais sans ensoleillement direct ; forte humidité ambiante, entre 70 et 90 % ; bonne aération.

Culture/entretien Dans une corbeille garnie d'un substrat à base de mousse et d'écorces. Pendant la croissance, arrosez abondamment et

vaporisez les feuilles ; faites un apport d'engrais tous les quinze jours en mettant la moitié de la dose prescrite. Étant donné que les racines sont très fragiles, il est conseillé d'utiliser un engrais « spécial feuilles » ou de laver régulièrement les racines à l'aide d'une grande quantité d'eau. Lors de la période de repos, modérez l'arrosage pour qu'il suffise à éviter l'assèchement du substrat. Ne rempotez que lorsque c'est strictement nécessaire.

Particularités Pour bien se développer, cette plante a besoin d'être aérée.

INFO

Cette orchidée est destinée aux débutants avertis dotés d'une serre ou d'un vivarium humide.

Calanthe harrisii

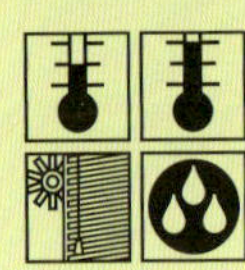

Famille/sous-famille *Orchidaceae/Epidendroideae.*

Tribu/sous-tribu *Arethuseae/Bletiinae.*

Genre *Calanthe.*

Origine/propagation Thaïlande ; croissance terrestre.

Développement À partir de gros pseudobulbes gris argenté poussent de longues feuilles nervurées qui tombent juste avant ou pendant la floraison. La hampe florale surgit de la base du bulbe. Les fleurs individuelles, roses, pendent en grappes sur une tige peluchée. Les sépales et les pétales, larges à la base et pointus aux extrémités, sont légèrement tournés vers l'arrière et placés autour du labelle en forme d'entonnoir, plus clair, dont l'avant est légèrement ondulé.

Période de floraison L'hiver et le printemps.

Période de repos Juste après la floraison, pendant la maturation des nouvelles pousses. La période s'achève à l'apparition des pousses.

Température/lumière/humidité ambiante Atmosphère chaude à tempérée. La température doit être de 18 à 28 °C en été et de 18 °C minimum en hiver. L'emplacement est clair, sans ensoleillement direct. L'humidité ne doit pas être inférieure à 60 % ; bonne aération.

Culture/entretien En pot, avec un substrat riche en nutriments et bien drainé. Pendant la croissance, le substrat ne doit jamais être sec. Faites un apport d'engrais tous les quinze jours et vaporisez plusieurs fois par jour. Au début de l'été, il faut employer un engrais à fleurs. Pendant la floraison, restreignez les arrosages en veillant à ce que les bulbes ne se rident pas. Après la floraison, quand les feuilles sont tombées, abstenez-vous d'arroser ou de faire un apport d'engrais. L'arrosage ne s'impose que si les bulbes se flétrissent trop. Dès l'apparition de la première pousse, augmentez progressivement les arrosages et la distribution d'engrais. Il est important de réduire momentanément l'arrosage quand la nouvelle pousse a terminé sa croissance.

Particularités Tous les ans, quand les nouvelles pousses apparaissent, rempotez l'orchidée et complétez le substrat en lui apportant des substances nutritives. Si nécessaire, profitez-en pour diviser la plante.

INFO

Cette orchidée est réservée aux amateurs avertis. Sur les bulbes se forment des keikis que l'on peut séparer pour obtenir une nouvelle plante dans un autre pot.

CALANTHE VESTITIA

Famille/sous-famille *Orchidaceae/Epidendroideae.*

Tribu/sous-tribu *Arethuseae/Bletiinae.*

Genre *Calanthe.*

Origine/propagation Birmanie, Bornéo, Indochine, Thaïlande ; croissance terrestre.

Développement Cette orchidée appartient au groupe des calanthes à feuilles caduques. Elle présente de gros pseudobulbes gris argenté, dotés d'un sillon, qui donnent naissance à de longues feuilles en forte saillie, nervurées. La longue tige florale pendante surgit de la base du bulbe et porte une lourde grappe de fleurs blanches individuelles. Les pétales forment une sorte de houppe et surmontent le labelle, tripartite et fendu, dont la base est d'un rouge pourpre lumineux.

Période de floraison L'hiver, aux environs de Noël.

Période de repos En hiver, la période de repos est totale après la maturation des bulbes.

Température/lumière/humidité ambiante Atmosphère chaude à tempérée ; emplacement clair mais sans ensoleillement direct ; humidité ambiante normale et bonne aération.

Culture/entretien Dans un pot garni d'un substrat conçu pour les orchidées terrestres. Pendant la croissance rapide de la plante, arrosez bien et faites un apport d'engrais tous les quinze jours. Après maturation des nouvelles pousses, cessez d'arroser et d'apporter de l'engrais. Pendant cette période, la plante va fleurir lorsqu'elle aura perdu ses feuilles. Dès que surgissent les nouvelles pousses, vous pouvez recommencer à arroser. Au cours du rempotage annuel, les vieux bulbes flétris ou qui paraissent morts doivent être retirés. Les vieux bulbes toujours bien remplis peuvent servir à la reproduction.

Particularités Lorsque l'on respecte la période de repos et que l'on accorde suffisamment d'espace à la plante, elle peut rester sans problème sur un appui de fenêtre tant qu'elle possède encore ses feuilles.

INFO

Cette orchidée est réservée aux amateurs avertis. Pour les débutants, il existe de jolis hybrides de cette espèce, plus faciles à entretenir.

Catasetum barbatum

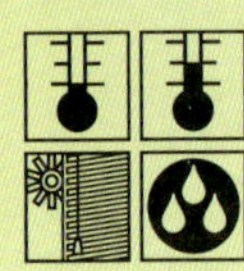

Famille/sous-famille *Orchidaceae/Vandoideae.*

Tribu/sous-tribu *Cymbidieae/Catasetinae.*

Genre *Catasetum.*

Origine/propagation Équateur, Pérou, Bolivie, Brésil, Guyane ; croissance épiphyte et/ou terrestre.

Développement Cette orchidée possède des pseudobulbes d'environ 15 cm qui donnent des feuilles de 20 à 35 cm de long et de 5 à 7,5 cm de large, lancéolées ou en forme de gouttelettes. Chaque plante individuelle est dotée d'une tige florale érigée mâle ou femelle, avec de grandes fleurs de 5 à 12 cm agréablement parfumées.

Période de floraison L'hiver et le printemps.

Période de repos Un court temps de repos, non prédéfini, entre les phases de développement.

Température/lumière/humidité ambiante Atmosphère fraîche à tempérée. Les températures diurnes oscillent entre 18 et 24 °C et les températures nocturnes entre 13 et 16 °C. Emplacement clair mais sans ensoleillement direct, ou éventuellement un emplacement ombragé.

Culture/entretien Dans un petit pot garni d'un substrat laissant passer l'eau, constitué d'écorces écrasées et bien drainées. Pendant la croissance, arrosez bien et faites un apport d'engrais tous les quinze jours. Après la chute des feuilles et des fleurs, contentez-vous de vaporiser la plante de temps en temps. Dès que les premières pousses apparaissent,

augmentez progressivement les arrosages et les apports d'engrais. Évitez absolument de noyer la motte. Rempotez quand c'est nécessaire, dès que les premières pousses surgissent après la période de repos.

Particularités Cette plante possède un étonnant système de fécondation. Les fleurs mâles ont des appendices sensibles au contact qui déploient leurs pollinies lorsque les insectes se posent, ce qui, dans le meilleur des cas, permet au pollen d'accéder aux stigmates des fleurs femelles. Les membres de l'espèce Cynoches procèdent de la même manière pour disséminer leur pollen.

Une plante pour amateurs avertis.

INFO

CATTLEYA AURANTIACA

Famille/sous-famille *Orchidaceae/Epidendroideae.*

Tribu/sous-tribu *Epidendreae/Laeliinae.*

Genre *Cattleya.*

Origine/propagation
Amérique centrale, Amérique du Sud tropicale ; croissance épiphyte.

Développement Étant donné que cette orchidée fait partie des espèces à 2 feuilles, les pseudobulbes donnent 2 à 3 feuilles coriaces. La tige, érigée mais pendante, porte de nombreuses fleurs de 3 à 5 cm d'aspect cireux et parfumées qui sont d'une couleur orangée à rouge. Les pétales latéraux du labelle forment une sorte de tube en partant de la base, tandis que la partie avant arbore la forme d'une lancette.

Période de floraison Fin de l'automne et début du printemps.

Période de repos Après l'apparition des pousses, souvent en hiver.

Température/lumière/humidité ambiante Atmosphère tempérée. Les températures diurnes oscillent entre 22 et 24 °C et les températures nocturnes entre 16 et 18 °C. Emplacement très clair avec ensoleillement le matin et l'après-midi ; forte humidité ambiante, jamais inférieure à 50 % ; bonne aération.

Culture/entretien Dans un pot de petite taille, garni d'un substrat constitué d'écorces de pins ou d'osmonde. Pendant la croissance, arrosez bien et, en fonction du substrat, faites un apport d'engrais toutes les deux à quatre semaines. En été, multipliez les apports d'eau, laissez sécher brièvement et vaporisez les feuilles. En hiver, limitez les arrosages et abstenez-vous d'apporter de l'engrais, mais placez la plante dans un endroit clair. Cette orchidée doit être rempotée tous les trois ans. À cette occasion, elle peut être divisée si l'on conserve pour chaque plante au moins 3 anciens pseudobulbes. Les bulbes doivent être maintenus pendant quelque temps à l'aide de bâtonnets en bambou.

Particularités La *Cattleya aurantiaca* compte parmi les plus appréciées des amateurs. Elle est souvent associée à d'autres espèces de cattleyas, ainsi qu'à d'autres types d'orchidées.

INFO

Il s'agit d'une plante pour débutants avertis. Les fleurs et les nouvelles pousses sont très sensibles à l'eau. Ne les vaporisez pas.

Cattleya bowringiana

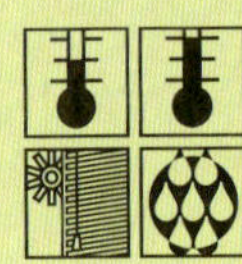

Famille/sous-famille *Orchidaceae/Epidendroideae.*

Tribu/sous-tribu *Epidendreae/Laeliinae.*

Genre *Cattleya.*

Origine/propagation Amérique centrale, Belize ; croissance épiphyte.

Développement De ses pseudobulbes en forme de massues surgissent 2 à 3 feuilles coriaces dont la longueur peut atteindre 60 cm. La tige florale érigée mais pendante porte jusqu'à 20 fleurs roses et parfumées d'environ 7,5 cm. Le labelle en forme de tuyau, légèrement ondulé, présente des bords d'une intense couleur rose foncé et un corps d'un blanc crémeux.

Période de floraison L'été et l'automne.

Période de repos Après la floraison, en hiver.

Température/lumière/humidité ambiante Atmosphère chaude à tempérée. Les températures diurnes oscillent entre 18 et 22 °C et les températures nocturnes entre 16 et 18 °C. L'emplacement est clair mais sans ensoleillement direct. Il faut une forte humidité ambiante jamais inférieure à 50 % et une bonne aération permanente.

Culture/entretien En pot, dans un substrat constitué d'écorces de pin ou d'osmonde. Pendant la croissance, arrosez abondamment et en été, trempez souvent le pot dans l'eau puis laissez-le sécher

rapidement. Vaporisez souvent les feuilles. En hiver, limitez les apports d'eau et ne faites pas d'apport d'engrais. Selon les substrats, il faut faire un apport d'engrais tous les quinze jours ou tous les mois, puis le réduire substantiellement. La plante doit être rempotée tous les trois ans. À cette occasion, elle peut être divisée, à condition de prévoir trois anciens pseudobulbes par nouveau sujet.

Particularités Les cattleyas font partie des espèces les plus appréciées des hybrideurs. *Cattleya bowringiana* est souvent choisie pour être croisée avec d'autres variétés et d'autres espèces.

INFO

Il s'agit d'une plante réservée aux débutants avertis. Si elle est bien soignée, cette orchidée peut atteindre une taille surprenante.

Cattleya labiata

Famille/sous-famille *Orchidaceae/Epidendroideae.*

Tribu/sous-tribu *Epidendreae/Laeliinae.*

Genre *Cattleya.*

Origine/propagation Amérique centrale, Amérique du Sud tropicale ; croissance épiphyte.

Développement Cette orchidée fait partie des espèces de cattleyas à une feuille, et celle qui surgit de chaque pseudobulbe est érigée et coriace. La hampe florale porte 2 à 6 fleurs d'un rose lumineux, parfumées, dont le diamètre peut atteindre 18 cm. Le rouge magenta du labelle aux bords délicatement dentelés est tempéré par le jaune du cœur, veiné de pourpre.

Période de floraison La fin de l'automne et le printemps.

Période de repos Après la fin de la croissance des nouvelles pousses.

Température/lumière/humidité ambiante Atmosphère tempérée. Les températures diurnes vont de 18 à 22 °C et les températures nocturnes de 13 à 16 °C. L'emplacement doit être clair et la plante peut recevoir le soleil du matin. L'humidité ambiante est normale mais il est nécessaire de choisir un endroit bien aéré avec un apport régulier d'air frais.

Culture/entretien Dans un pot de petite taille avec un substrat en écorces ou en osmonde. Pendant la croissance, arrosez abondamment. En été, baignez souvent le pot avant de le laisser sécher brièvement.

En hiver, raréfiez les arrosages et ne faites pas d'apport d'engrais. Selon le substrat, il faut procéder à un apport d'engrais estival tous les quinze jours ou tous les mois, avant de réduire les quantités. La plante doit être rempotée tous les trois ans ; à cette occasion, elle peut être divisée, à condition que chaque nouvelle plante dispose de 3 anciens pseudobulbes.

Particularités La culture des orchidées a véritablement commencé en Europe grâce à *Cattleya labiata*. Aujourd'hui encore elle est très appréciée, et les hybrideurs lui accordent une place de choix.

INFO

Il s'agit d'une orchidée de base, idéale pour les débutants. De nombreux hybrides mono- et multigenres en sont nés.

Cattleya skinneri

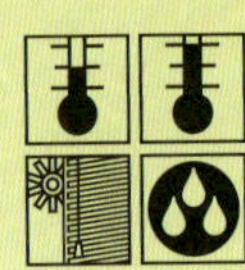

Famille/sous-famille *Orchidaceae/Epidendroideae.*

Tribu/sous-tribu *Epidendreae/Laeliinae.*

Genre *Cattleya.*

Origine/propagation Amérique centrale, Mexique ; croissance épiphyte.

Développement Les pseudobulbes de petite taille donnent 2 à 3 feuilles coriaces. Cette orchidée appartient aux espèces à 2 feuilles. La tige florale porte 4 à 12 fleurs roses à pourpres, d'environ 9 cm, au parfum agréable. Le labelle forme une gorge blanche au bord rosé et dentelé. Les sépales sont longs et étroits ; les pétales sont plus ronds et un peu plus sombres.

Période de floraison À la fin de l'automne et au printemps.

Période de repos Une courte pause après la floraison.

Température/lumière/humidité ambiante Atmosphère chaude à tempérée. Les températures diurnes oscillent entre 21 et 24 °C et les températures nocturnes entre 16 et 18 °C. Elle aime les emplacements clairs mais sans ensoleillement direct et une humidité ambiante normale.

Culture/entretien Dans un pot contenant un substrat à base d'écorces ou d'osmonde. Pendant la croissance, arrosez généreusement. Trempez le pot en été en le laissant brièvement sécher. En hiver, réduisez les arrosages et ne faites pas d'apport d'engrais. Selon le substrat, il faudra procéder à un apport d'engrais estival tous les quinze jours ou tous les mois, puis réduire les doses. Cette orchidée doit être rempotée tous les trois ans. À cette occasion, il est possible de procéder à une division, en veillant à ce que chaque nouvelle plante dispose de 3 pseudobulbes anciens.

Particularités Cette plante est facile à entretenir et s'épanouit sans difficultés. Ses tiges florales peuvent donner jusqu'à 30 fleurs individuelles.

Il s'agit d'une plante pour débutants avertis. C'est la fleur nationale du Costa Rica où on l'appelle Saint Sébastien. Il en existe de nombreuses variétés aux couleurs différentes, allant du blanc au vieux rose.

INFO

COELOGYNE CRISTATA

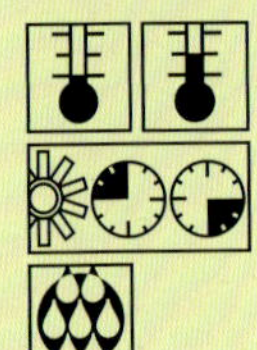

Famille/sous-famille *Orchidaceae/Epidendroideae.*

Tribu/sous-tribu *Coelogtneae/Coelogyninae.*

Genre *Coelogyne.*

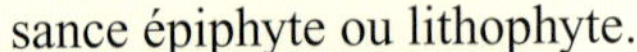

Origine/propagation Asie du Sud-Est, Inde, Malaisie, Chine ; croissance épiphyte ou lithophyte.

Développement Les pseudobulbes ronds, portant parfois un sillon, font surgir par paires des feuilles nervurées lancéolées. Souvent, on voit apparaître dès l'hiver de nouvelles pousses qui donnent naissance à des tiges florales immédiatement après s'être transformées en une gousse brunâtre. Jusqu'à 30 fleurs individuelles garnissent la tige florale pendante. Les fleurs blanches, d'environ 6 cm, ont de larges pétales dont les bords ondulent. Le labelle surgit dans l'axe, et sa partie centrale est d'un jaune vif.

Période de floraison L'hiver et le printemps.

Période de repos Après la maturation des bulbes.

Température/lumière/humidité ambiante Atmosphère fraîche à tempérée. Pendant la période de repos, la température doit varier entre 13 et 18 °C. L'emplacement doit être clair avec ensoleillement direct le matin et l'après-midi, l'humidité ambiante doit se situer entre 60 et 80 %.

Culture/entretien Dans une grande corbeille. Pendant la croissance, arrosez souvent et, si possible, vaporisez les feuilles le matin en complément. Faites un apport d'engrais tous les quinze jours. Quand tous les bulbes se sont développés, cessez l'arrosage et l'apport d'engrais, mais vaporisez de temps à autre. Si les bulbes se flétrissent trop, arrosez un peu. Cette orchidée peut être placée sur le balcon ou dans le jardin lorsque les étés sont chauds. En effet, les températures extérieures lui sont favorables. Rempotez, selon les possibilités, tous les trois ans seulement, car la plante y est extrêmement sensible.

Particularités *Coelogyne cristata* est très sensible aux changements de température et réagit généralement en perdant ses fleurs.

INFO

Il s'agit d'une plante pour amateurs avertis. Les grandes fleurs blanches au cœur jaune fascinent presque tous les amis des orchidées. Auparavant, elles entraient dans les bouquets de mariée.

COELOGYNE GRAMINIFOLIA

Famille/sous-famille *Orchidaceae/Epidendroideae.*

Tribu/sous-tribu *Coelogneae/Coelogyninae.*

Genre *Coelogyne.*

Origine/propagation Chine, Birmanie, Malaisie, Thaïlande ; croissance épiphyte ou lithophyte.

Synonymes *Coelogyne viscosa.*

Développement 2 pseudobulbes d'aspect assez rond donnent 2 feuilles allongées et étroites, lancéolées, ainsi qu'une tige florale longue et arquée qui porte jusqu'à 12 fleurs blanches de 6 cm, au parfum léger. Les sépales allongés et ovales ainsi que les pétales, un peu plus courts et étroits, sont disposés en étoile autour du labelle érigé, dont l'intérieur est strié de rouge-brun. Il forme une sorte de calice tandis que l'avant du labelle, légèrement dentelé, pend fortement, révélant ses points jaunes et rouges. L'ensemble de la plante mesure de 20 à 30 cm.

Période de floraison L'hiver et le printemps.

Période de repos La croissance marque une pause après la maturation des nouvelles pousses.

Température/lumière/humidité ambiante Atmosphère chaude à tempérée ; l'emplacement doit être très clair, avec ensoleillement direct le matin et l'après-midi. À midi, la plante doit se trouver à l'ombre. L'humidité ambiante doit être normale.

Culture/entretien En pot ou mieux, dans une corbeille suspendue, car les fleurs aiment pousser vers le bas. Pendant la croissance, arrangez-vous pour que la plante reste humide et faites un apport d'engrais tous les quinze jours. Veillez à ne pas détremper le substrat. Si la plante ne se développe pas, raréfiez les arrosages et cessez les apports d'engrais. Les bulbes ne doivent pas trop se flétrir et le substrat ne doit jamais être complètement sec. En hiver, placez-la dans un endroit clair.

Particularités Les feuilles de cette orchidée rappellent de hautes herbes.

INFO

Dès que cette orchidée a trouvé son rythme elle devient très facile à entretenir, même si les soins sont prodigués par un débutant.

Coelogyne speciosa

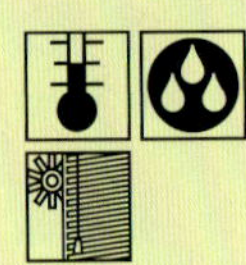

Famille/sous-famille *Orchidaceae/Epidendroideae.*

Tribu/sous-tribu *Coelogneae/Coelogyninae.*

Genre *Coelogyne.*

Origine/propagation Indonésie, Malaisie, Bornéo, Sumatra, Java ; croissance épiphyte ou lithophyte.

Développement
Les feuilles lancéolée, nervurées au centre, d'aspect coriace, surgissent par paires des pseudobulbes arrondis, parfois traversés par un sillon. Les fleurs individuelles, vert-jaune, sont assorties d'un labelle brun-rouge accroché à un pétiole épais et pendant, sur lequel plusieurs inflorescences peuvent se regrouper. Les grands sépales ovales forment un casque ouvert autour du labelle

rouge foncé. Les deux pétales, longs et étroits, se recourbent vers le haut comme les ailes d'une coccinelle. Les lobes latéraux du labelle, très larges, sont retroussés vers le haut en une sorte d'entonnoir. À première vue, la fleur ressemble à une grosse mouche ou à un bourdon.

Période de floraison Le printemps et l'été.

Période de repos Courte période de repos après la croissance.

Température/lumière/humidité ambiante Atmosphère tempérée. Emplacements clairs, sans ensoleillement direct. La plante a besoin de beaucoup d'air frais.

Culture/entretien Dans une petite corbeille emplie d'un substrat à base d'écorces et de perlite, avec un bon drainage. Au cours de la période de croissance, arrosez régulièrement et faites un apport d'engrais tous les quinze jours. Évitez de détremper le substrat. La plante peut passer l'été dehors si les températures sont élevées. Toutefois, faites attention au rafraîchissement nocturne.

Particularités *Coelogyne speciosa* var. *Salmonicolor* est une séduisante variété que l'on trouve dans le commerce sous le nom de *Coelogyne salmonicolor*.

INFO

Il s'agit d'une plante pour amateurs avertis, qui supporte mal les variations de température.

CYCNOCHES HAAGII

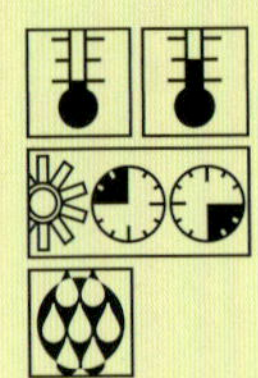

Famille/sous-famille *Orchidaceae/Vandoideae.*

Tribu/sous-tribu *Cymbidideae/Catasetinae.*

Genre *Cycnoches* (orchidée cygne).

Origine/propagation Brésil ; croissance épiphyte ou terrestre.

Développement Les pseudobulbes, mesurant au moins 25 cm de haut, sont de forme cylindrique ou torsadée. Ils donnent de longues feuilles pliées, de 10 à 30 cm de long, larges et lancéolées, nervurées au centre. Dans l'axe des feuilles se développent de longues hampes florales portant de nombreuses inflorescences de 5 à 12 cm, ornées de sépales et de pétales tirant sur le vert dont les pointes sont légèrement brunes, avec un labelle blanc dont le bord est légèrement retroussé vers le haut.

Période de floraison
L'automne et l'hiver.

Période de repos L'été.

Température/lumière/humidité ambiante Atmosphère fraîche à tempérée. Les températures varient entre 18 et 29 °C. L'emplacement est clair mais sans ensoleillement direct, bien aéré.

Culture/entretien En pot, avec un substrat laissant passer l'eau et un bon système de drainage. Pendant la phase de croissance, arrosez régulièrement et faites un apport d'engrais toutes les deux à trois semaines. Entre ces arrosages, laissez sécher le substrat. Au cours de la période de repos, arrosez beaucoup moins et ne faites aucun apport d'engrais.

Particularités Chaque année, quand cette orchidée a perdu ses feuilles, il faut la rempoter. Ne recommencez à arroser que lorsque de nouvelles racines se sont formées.

La forme des fleurs présente une ressemblance surprenante avec celle d'un cygne, ce qui a valu à cette orchidée son nom le plus courant.

INFO

Une plante pour amateurs vraiment avertis. Elle fait partie des orchidées botaniques et ne peut être achetée que chez les spécialistes ou directement dans les serres horticoles.

Cymbidium devonianum

Famille/sous-famille *Orchidaceae/Vandoideae.*

Tribu/sous-tribu *Cymbidieae/Cyrtopodiinae.*

Genre *Cymbidium.*

Origine/propagation Nord de l'Inde ; croissance épiphyte.

Développement Les pseudobulbes ovales donnent des feuilles de 10 à 20 cm de long, charnues et lancéolées, ainsi que des grappes d'inflorescences pendantes présentant 20 à 30 fleurs de couleur olive ou vert foncé, dotées d'un parfum agréable. Le labelle rose-pourpre présente un lobe central pendant vers l'avant, en forme de nacelle, ainsi que des lobes latéraux érigés qui entourent la colonne en décorant ses flancs d'un point violet. Le sépale du milieu est légèrement recourbé au-dessus du labelle. Les sépales et les pétales sont allongés et ovales. Ils présentent une coloration rouge.

Période de floraison Le printemps.

Période de repos Après la floraison, l'orchidée marque une pause dans sa croissance.

Température/lumière/humidité ambiante Atmosphère fraîche à tempérée. Pendant la journée, les températures doivent varier entre 18 et 25 °C, la nuit, elles ne doivent pas dépasser 16 °C. L'emplacement doit être clair, avec un ensoleillement complet le matin et l'après-midi. L'humidité ambiante ne doit jamais dépasser 50 % et une bonne aération est nécessaire.

Culture/entretien Dans une petite corbeille avec un substrat d'écorces ou de laine de roche, complété par un bon système de drainage. Au début de l'année et en été, arrosez régulièrement et généreusement et faites un apport d'engrais toutes les deux à trois semaines ; en hiver, laissez sécher le substrat à plusieurs reprises et arrosez modérément. Les hampes florales ne doivent pas grandir dans le substrat. Cette plante se développant bien à des températures basses, il est possible de la laisser dehors pendant l'été.

Particularités Cette fleur a besoin d'aération et de beaucoup de lumière en hiver.

INFO

C'est une plante pour amateurs avertis, qui préfère être élevée en serre fraîche. Dans de nombreux pays, cette espèce est cultivée en jardin botanique, à des températures adéquates.

Cymbidium lowianum

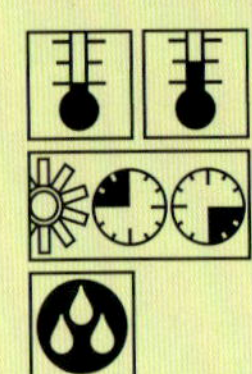

Famille/sous-famille *Orchidaceae/Vandoideae.*

Tribu/sous-tribu *Cymbidieae/Cyrtopodiinae.*

Genre *Cymbidium.*

Origine/propagation Nord de l'Inde, sud de la Chine, Birmanie ; croissance épiphyte ou lithophyte.

Développement Les pseudobulbes de 25 cm donnent naissance à des feuilles de 60 à 90 cm. Au bout de la hampe florale fleurit un bouquet de 15 à 35 inflorescences vert-jaune d'une taille supérieure à 12 cm, dont la durée de vie est longue. Les pétales érigés, qui se tiennent presque à la verticale, et les sépales latéraux ainsi que le sépale du milieu, très écartés, se penchent au-dessus du labelle. Ils sont verts et sont striés de rouge ou de brun. Le labelle jaune pâle doté de grands lobes latéraux est décoré d'une tache rouge pourpre à l'avant, en forme de V.

Période de floraison La fin de l'hiver et le début du printemps.

Température/lumière/humidité ambiante Atmosphère fraîche à tempérée. Les températures diurnes oscillent entre 18 et 29 °C et les températures nocturnes entre 10 et 13 °C. L'emplacement doit être clair mais sans ensoleillement direct, l'humidité ambiante normale, avec une bonne aération.

Culture/entretien En pot avec un substrat laissant passer l'eau, complété par un bon système de drainage d'écorces pilées. Pendant la croissance, au printemps et en été, arrosez bien et régulièrement et faites un apport d'engrais tous les quinze jours. Au cours de la période de repos, en hiver, espacez les arrosages en veillant à ce que le substrat ne sèche pas. Ne faites pas d'apport d'engrais. Rempotez régulièrement et retirez les pseudobulbes surnuméraires ou divisez la plante.

Particularités Les *Cymbidium* sont souvent utilisés dans les bouquets de fleurs coupées ou proposées comme plantes en pots.

INFO

Il s'agit d'une plante pour débutants avertis. La plus grande difficulté réside dans la floraison. Si la plante refuse de fleurir, cela tient aux températures trop élevées ou au manque de lumière. Les températures nocturnes doivent être plus basses que les températures diurnes.

DENDROBIUM AMETHYSTOGLOSSUM

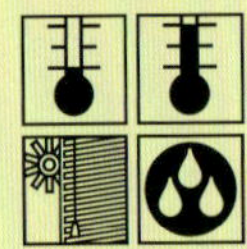

Famille/sous-famille *Orchidaceae/Epidendroideae.*

Tribu/sous-tribu *Enpidendreae/Dendrobiinae.*

Genre *Dendrobium.*

Origine/propagation Philippines ; croissance épiphyte sur des falaises de calcaire jusqu'à 1 500 m.

Synonyme *Dendrobium amethystoglossa.*

Développement À partir du rhizome ramifié, surgissent des pousses épaisses, hautes de plus de 40 cm, venant des pseudobulbes allongés, en même temps que des feuilles ovales. Les fleurs blanches, au parfum agréable, présentent un mentum de la forme d'un éperon qui se présente à la base de la colonne, à la faveur de la croissance des sépales latéraux. Le sépale du milieu et les pétales sont pendants. Le labelle a une extrémité pointue décorée d'un triangle violet, alors que les lobes latéraux, plus petits et blancs, entourent la colonne.

Période de floraison L'hiver.

Période de repos Au début de l'année.

Température/lumière/humidité ambiante Atmosphère chaude en été, froide en hiver. Cette orchidée supporte très bien des températures estivales de plus de 30 °C. Toutefois, pour encourager la floraison, il faut qu'elle soit placée au frais en hiver et dans un emplacement clair. Le reste de l'année, elle sera entreposée dans un endroit lumineux, sans ensoleillement direct, avec une humidité ambiante normale et une bonne aération.

Culture/entretien En pot avec un substrat laissant passer l'eau, complété par un bon système de drainage constitué d'écorces pilées. Cette plante peut être tuteurée. Pendant la phase de croissance, arrosez régulièrement et abondamment, dès que le substrat est sec. Faites un apport d'engrais toutes les trois semaines et vaporisez souvent. En automne, dès que les bulbes sont parvenus à maturité, la plante doit être gardée dans un endroit froid et clair. Au cours de la période de repos, arrosez moins et ne faites pas d'apport d'engrais. À l'apparition des fleurs, recommencez les arrosages et remettez l'orchidée à sa place habituelle.

Particularités Il s'agit d'une espèce qui a donné naissance à de nombreux hybrides.

INFO

Cette plante est réservée aux amateurs avertis. Ses hybrides sont moins compliqués à entretenir que la plante originelle. De ce fait, ils sont appréciés par les débutants.

Dendrobium aphyllum

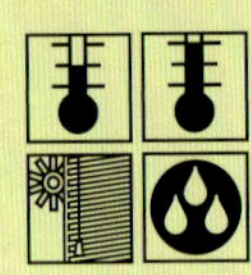

Famille/sous-famille *Orchidaceae/Epidendroideae.*

Tribu/sous-tribu *Epidendreae/Dendrobiine.*

Genre *Dendrobium.*

Origine/propagation Chine, Inde, Himalaya, Birmanie, Malaisie, Thaïlande ; croissance épiphyte ou lithophyte.

Synonymes *Dendrobium pierardii, Dendrobium cucullatum, Dendrobium madrasense, Dendrobium primilinum, Limodorum aphyllum, Callista aphylla, Cymbidium aphyllum.*

Développement Les pseudobulbes allongés donnent de nombreuses petites feuilles lancéolées qui jaunissent et tombent généralement juste avant l'apparition des fleurs. À partir de petits « troncs » d'environ 30 à 40 cm se développent des fleurs rose clair et blanches d'environ 4 cm, dont les sépales allongés et pointus entourent, comme un casque, le labelle en forme d'entonnoir dont l'avant est rond et dentelé. En revanche, les pétales sont larges et lancéolés, légèrement arqués vers l'extérieur. Alors que l'intérieur du labelle est blanc, toutes les autres parties de la fleur sont roses.

Période de floraison Le printemps.

Période de repos Après la fin de la croissance.

Température/lumière/humidité ambiante Atmosphère fraîche à tempérée. L'emplacement doit être clair mais sans ensoleillement direct, l'humidité ambiante normale, avec une bonne aération.

Culture/entretien En pot de petite taille, avec un substrat laissant bien passer l'eau, complété par un bon système de drainage constitué d'écorces grossièrement pilées et de cailloux qui donneront une bonne assise au pot. Pendant la période qui précède la phase de croissance, arrosez régulièrement et abondamment et faites un apport d'engrais tous les quinze jours. Au cours de cette période, le substrat ne doit jamais être complètement sec. Au cours de la phase de repos, interrompez les apports d'engrais et limitez les arrosages, de sorte que le substrat puisse sécher de temps en temps. La plante doit alors rester dans un endroit frais mais clair.

Particularités Peu après la floraison, on assiste souvent à une remontée florale. Toutefois, les inflorescences sont beaucoup plus petites.

INFO

Il s'agit d'une plante pour débutants.

DENDROBIUM CHRYSOTOXUM

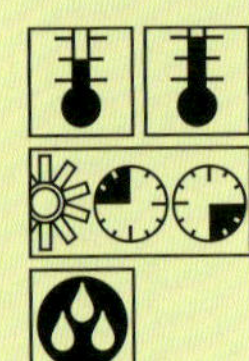

Famille/sous-famille *Orchidaceae/Epidendroideae.*

Tribu/sous-tribu *Epidendreae/Dendrobiinae.*

Genre *Dendrobium.*

Origine/propagation Inde, Birmanie, sud de la Chine, Thaïlande ; croissance épiphyte ou lithophyte.

Synonymes *Callista chrysotaxa, Dendrobium suavissimum.*

Développement Les pseudobulbes spiralés, d'une taille de 15 à 40 cm, donnent 3 à 8 feuilles de 10 cm, elliptiques ou lancéolées. La hampe florale peut être verticale ou à port retombant et porte 15 à 20 fleurs individuelles au parfum marqué, d'un jaune doré, qui tiennent près d'un mois et ont une taille d'environ 5 cm. Les sépales et les pétales sont de forme arrondie, frangés à l'avant et dotés en leur centre d'une tache orange. Les sépales latéraux entourent la colonne.

Période de floraison
Début de l'année.

Période de repos En automne, dès la maturation des bulbes.

Température/lumière/humidité ambiante Atmosphère chaude à tempérée. Les températures nocturnes ne doivent pas descendre en dessous de 13 °C. L'emplacement doit être clair avec ensoleillement direct le matin et l'après-midi, l'humidité ambiante normale avec une bonne aération.

Culture/entretien En pot de petite taille, avec un substrat laissant bien passer l'eau, constitué d'écorces grossièrement pilées. Il est préférable d'utiliser un pot en terre. Pendant la phase de croissance, arrosez régulièrement et abondamment jusqu'à ce que l'eau apparaisse dans la soucoupe sous la plante. Faites un apport d'engrais tous les quinze jours. Au cours de la période de repos, mettez la plante dans un endroit frais, dans lequel la température nocturne ne dépasse pas 10 °C. Raréfiez les arrosages et ne faites pas d'apport d'engrais. Dès que de nouvelles pousses apparaissent, replacez l'orchidée dans un endroit chaud et arrosez plus fréquemment. Après la floraison, il est possible de rempoter la plante.

Particularités Ne retirez pas les vieux pseudobulbes car ils peuvent donner lieu à une seconde floraison. Les nouvelles pousses sont sensibles au soleil et à l'air humide.

INFO

Il s'agit d'une plante pour débutants avertis, qui supporte bien un séjour à l'extérieur en été.

DENDROBIUM LINDEYI

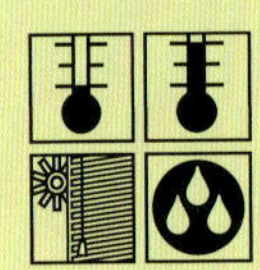

Famille/sous-famille *Orchidaceae/Epidendroideae.*

Tribu/sous-tribu *Epidendreae/Dendrobiinae.*

Genre *Dendrobium.*

Origine/propagation Sud de la Chine, nord de l'Inde, Birmanie ; croissance épiphyte ou lithophyte.

Synonymes *Dendrobium aggregatum* v. *jenkinsii, Dendrobium jenkinsii, Dendrobium aggregatum.*

Développement Les pseudobulbes d'une taille de 5 à 7,5 cm, spiralés et de couleur gris argenté, ne donnent naissance qu'à une feuille coriace, érigée, étroite, de 7,5 à 10 cm de long. Les fleurs individuelles, au nombre de 10 à 30, dotées d'un long pétiole, sont orange clair ou foncées, et elles grandissent sur une hampe florale. Larges d'environ 2,5 cm, elles diffusent un parfum agréable. L'avant du labelle est soit rond soit ovale, avec un petit sillon central. Le gosier ainsi formé est nettement plus foncé que le reste de la fleur.

Période de floraison Le printemps.

Période de repos En automne, dès que les bulbes sont à maturité.

Température/lumière/humidité ambiante Atmosphère chaude en été, froide en hiver. Les températures diurnes oscillent entre18 et 22 °C et les températures nocturnes entre 13 et 16 °C. L'emplacement doit être clair mais sans ensoleillement direct, l'humidité ambiante normale avec une bonne aération.

Culture/entretien Port tuteuré. Pendant la croissance, arrosez bien quotidiennement et faites un apport d'engrais tous les quinze jours. Un mois avant la floraison, installez la plante dans un endroit plus frais mais clair, et espacez les arrosages. Entre la floraison et l'apparition de pousses, raréfiez les apports d'eau. Le substrat ne doit pas être totalement sec. Dès que les nouvelles pousses apparaissent, replacez l'orchidée dans un endroit plus chaud et reprenez les arrosages.

Particularités Pour que la plante fleurisse chaque année, il est important de la placer dans un endroit frais et clair pendant sa période de repos.

INFO

Cette plante est réservée aux amateurs avertis. Les nouvelles pousses sont sensibles au pourrissement, il faut donc faire en sorte que la plante soit bien aérée.

Dendrobium nobile

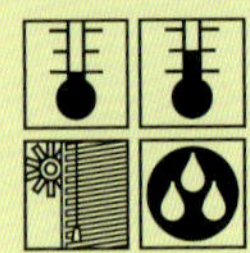

Famille/sous-famille *Orchidaceae/Epidendroideae.*

Tribu/sous-tribu *Epidendreae/Dendrobiinae.*

Genre *Dendrobium.*

Origine/propagation Sud de la Chine, nord de l'Inde, Indochine ; croissance épiphyte.

Développement Plante de taille moyenne, avec des pseudobulbes d'une taille maximale de 40 cm, jaune-vert et érigés. Ils donnent naissance à une seule feuille coriace, longue de 5 à 10 cm, qui vit normalement pendant deux ans. À la pointe des bulbes, feuillus ou non, surgissent de courtes hampes florales portant 2 à 4 fleurs parfumées, longues de 7,5 cm environ. Les sépales et les pétales blancs et ovales sont rosés à la pointe. Le labelle blanc légèrement ondulé est en pointe à l'avant et décoré d'une tache d'un rouge pourpre intense.

Période de floraison L'hiver et le printemps.

Période de repos Un à deux mois avant la floraison.

Température/lumière/humidité ambiante Atmosphère fraîche à tempérée. Les températures diurnes oscillent entre 18 et 22 °C et les températures nocturnes entre 13 et 16 °C. L'emplacement doit être clair mais sans ensoleillement direct, l'humidité ambiante normale avec une bonne aération.

Culture/entretien En pot de petite taille ou dans une petite corbeille, avec un substrat constitué de fibres végétales et de perlite. Pour la stabilité de la plante, il est recommandé d'utiliser des cailloux comme moyen de drainage. Pendant la phase de croissance, arrosez régulièrement et abondamment et faites un apport d'engrais tous les quinze jours ; en automne, placez la plante dans un endroit plus frais (les températures nocturnes ne doivent pas dépasser 10 °C) et clair. À cette période, raréfiez les arrosages. Dès l'apparition de nouveaux boutons floraux, placez l'orchidée dans un endroit chaud et augmentez progressivement les apports d'eau. Faites un apport d'engrais régulier.

Particularités Cette orchidée est la plus connue de toutes celles de l'espèce Dendrodium.

INFO

Une plante pour débutants avertis. Il existe de très nombreux hybrides de Dendrobium.

DENDROBIUM SPECIOSUM

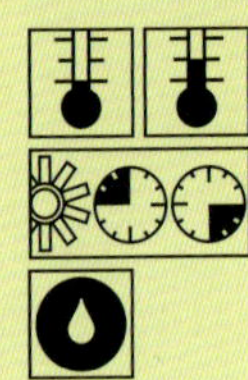

Famille/sous-famille *Orchidaceae/Epidendroideae.*

Tribu/sous-tribu *Epidendreae/Dendrobiinae.*

Genre *Dendrobium.*

Origine/propagation Australie ; croissance épiphyte ou lithophyte.

Synonymes *Tropilis speciosa, Dendrobium hillii.*

Développement Les pseudobulbes, d'une taille de 15 à 40 cm, donnent 3 à 8 feuilles elliptiques, nervurées au centre, d'une longueur de 15 cm environ. La hampe florale érigée ou légèrement recourbée se termine par un long épi portant de nombreuses fleurs à long pétiole, d'un blanc crémeux et d'une taille d'environ 3 cm. Les sépales en forme de croissant de lune et les pétales longs, pointus et légèrement recourbés vers l'arrière, forment une étoile autour du petit labelle en forme d'entonnoir dont l'intérieur porte un motif brun.

Période de floraison Début de l'année.

Période de repos Dès que les bulbes sont parvenus à maturité, en automne.

Température/lumière/humidité ambiante Atmosphère fraîche à tempérée. Les températures nocturnes ne doivent pas descendre en dessous de 13 °C. L'emplacement doit être clair avec ensoleillement direct le matin et l'après-midi, l'humidité ambiante faible avec une bonne aération. Si celle-ci est correcte, la plante peut supporter des températures de 30 °C en été.

Culture/entretien En pot de petite taille, avec un substrat laissant passer l'eau, complété par un bon système de drainage constitué d'écorces pilées. Pendant la phase de croissance, arrosez régulièrement et abondamment et faites un apport d'engrais tous les quinze jours. Au cours de la période de repos, à partir de l'automne et jusqu'au début de l'année, arrosez beaucoup plus rarement et cessez tout apport d'engrais. Toutefois, le substrat ne doit jamais être complètement sec. Dès que de nouvelles pousses apparaissent, recommencez à arroser régulièrement et reprenez lentement les apports d'engrais. Après la floraison, il est possible de rempoter la plante.

Particularités C'est une plante à croissance rapide, mais dont la floraison est parfois capricieuse. Pour l'encourager, il est possible, à partir de la fin du mois d'octobre, de pratiquer des « bains » stimulants. La plante est trempée dans l'eau à plusieurs reprises, puis on la laisse sécher au soleil, et on la place ensuite dans un endroit plus frais.

C'est une plante pour débutants avertis.

INFO

DRACULA CHIMAERA

Famille/sous-famille *Orchidaceae/Epidendroideae.*

Tribu/sous-tribu *Epidendreae/Pleurothallidinae.*

Genre *Dracula.*

Origine/propagation Colombie ; croissance épiphyte ou lithophyte dans les forêts tropicales humides, jusqu'à une altitude de 2 450 m.

Synonymes *Masdevallia chimaera, Masdevallia wallisii, Masdevallia backhousiana, Masdevallia chimaera* var. *wallisii.*

Développement Le rhizome rampant donne naissance à des feuilles recourbées, lancéolées, nervurées au centre, et à une longue hampe florale en forme de U allongé sur laquelle se forment une ou plusieurs fleurs d'un aspect très particulier, pelucheux et rouge-brun. Les pétales sont très petits, ce qui caractérise cette espèce, les sépales, très grands et larges, d'aspect cireux, sont terminés par de longues « queues », parfois torsadées. Le labelle rose et rond est placé au milieu. De loin, la fleur ressemble à un œil, et de près, à une « gueule de dragon » dont le labelle figurerait la langue.

Période de floraison L'hiver.

Température/lumière/humidité ambiante Atmosphère fraîche à tempérée. Cette plante aime les endroits ombragés mais clairs, sans ensoleillement direct. Elle apprécie une humidité ambiante forte, entre 70 et 90 %, avec une bonne aération.

Culture/entretien En pot ou dans une corbeille, avec un substrat laissant passer l'eau, complété par un bon système de drainage constitué d'écorces pilées. Il convient de garder le substrat humide toute l'année et de faire un apport d'engrais tous les quinze jours, en modérant la concentration du produit dans l'eau. Évitez de détremper le substrat. Les racines sont sensibles au sel, et il vaut mieux employer une eau non calcaire pour l'arrosage. Vaporisez souvent et nettoyez la soucoupe. Cette orchidée a besoin de faibles températures nocturnes. De mai à l'automne, elle peut être placée dehors, dans un endroit ombragé mais pas trop sombre.

Particularités *Dracula chimaera* peut fleurir plusieurs fois sur la même hampe, mais il ne faut retirer les fleurs fanées que lorsqu'elles sont sèches.

INFO

Il s'agit d'une plante pour amateurs avertis. La forte humidité ambiante est une condition essentielle pour réussir la culture de cette espèce.

Encyclia baculus

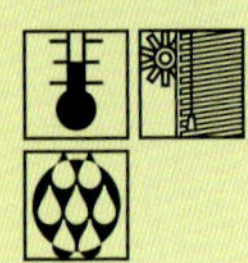

Famille/sous-famille *Orchidaceae/Epidendroideae.*

Tribu/sous-tribu *Epidendreae/Laeliinae.*

Genre *Encyclia.*

Origine/propagation Amérique du Sud ; croissance épiphyte.

Développement Sur les pseudobulbes aplatis latéralement, d'une taille de 5 à 20 cm et en forme de poires poussent 2 à 3 feuilles lancéolées ou elliptiques, d'une longueur de 20 à 30 cm. Les fleurs parfumées, qui mesurent environ 8 cm, apparaissent le long de la hampe florale mesurant 50 cm, et ce jusqu'à son extrémité. Elles s'ouvrent une à une, de bas en haut. Les sépales étroits, blancs ou vert clair, ainsi que les pétales sont très longs et disposés en étoile en dessous du labelle érigé. Celui-ci, blanc strié de rouge-pourpre, ressemble à un coquillage dont la pointe est recourbée vers l'extérieur.

Période de floraison Le printemps et l'été.

Température/lumière/humidité ambiante Atmosphère tempérée. Les températures diurnes oscillent entre 18 et 25 °C et les températures nocturnes entre 13 et 16 °C. L'emplacement doit être clair mais sans ensoleillement direct car la fleur est très sensible aux brûlures. L'humidité ambiante ne doit pas être inférieure à 50 %.

Culture/entretien En pot ou dans une corbeille, avec un substrat constitué de liège ou d'osmonde. Pendant la croissance, maintenez le substrat humide, mais jamais détrempé ; faites un apport d'engrais tous les quinze jours. Au cours de la période de pause qui suit la croissance, espacez les arrosages et ne faites pas d'apport d'engrais. Pendant l'été, la plante peut être mise à l'extérieur, dans un lieu ombragé.

Particularités Cette orchidée pourrissant facilement, veillez toujours, lors des vaporisations, à ce qu'elle soit bien sèche le soir.

INFO

Il s'agit d'une plante pour débutants qui compte parmi les espèces d'entretien facile. Si toutefois elle ne se développe pas bien ou refuse de fleurir, il est utile de limiter les arrosages, de l'installer en un lieu plus frais pendant quelque temps et de ne l'arroser que lorsque les bulbes commencent à se flétrir.

Encyclia cochleata

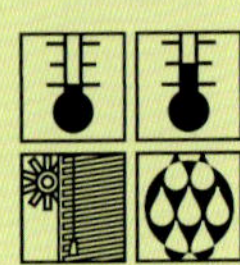

Famille/sous-famille *Orchidaceae/Epidendroideae.*

Tribu/sous-tribu *Epidendreae/Laeliinae.*

Genre *Encyclia.*

Origine/propagation Floride, Caraïbes, Amérique centrale, Colombie, Venezuela ; croissance épiphyte.

Développement Les pseudobulbes d'une taille de 5 à 20 cm, en forme de poires plates, donnent 2 à 3 feuilles lancéolées ou elliptiques, d'une longueur de 20 à 30 cm. Les fleurs d'environ 8 cm sont portées à une longueur pouvant aller jusqu'à 50 cm par la hampe florale qui surgit du bulbe. Elles s'ouvrent de bas en haut. Les sépales vert clair garnis de points rouges sont légèrement spiralés et les pétales, très longs, pendent comme les bras d'un poulpe sous le labelle érigé, vert et rouge-pourpre, en forme de coquillage.

Période de floraison Toute l'année.

Température/lumière/humidité ambiante Atmosphère fraîche à tempérée. Les températures nocturnes oscillent entre 13 et 16 °C et les températures diurnes entre 18 et 22 °C. Bien que cette plante soit très adaptable, l'emplacement doit être clair mais sans ensoleillement direct et l'humidité ambiante ne doit pas descendre en dessous de 50 %.

Culture/entretien En pot de petite taille ou en corbeille, avec un substrat à base de liège ou d'osmonde. Cette plante doit être régulièrement arrosée et vaporisée. Faites un apport d'engrais tous les quinze jours. Au cours de la période qui suit la croissance, raréfiez les arrosages et cessez de faire des apports d'engrais. En été, la plante peut être installée dehors.

Particularités Cette orchidée fait partie des plus faciles à entretenir car elle est extrêmement adaptable. Ses fleurs « tiennent » pendant plusieurs mois.

INFO

Une plante pour débutants que l'on trouve souvent dans le commerce sous le nom d'Octopussy.

ENCYCLIA MARIAE

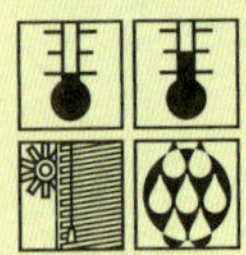

Famille/sous-famille *Orchidaceae/Epidendroideae.*

Tribu/sous-tribu *Epidendreae/Laeliinae.*

Genre *Encyclia.*

Origine/propagation Mexique ; croissance épiphyte.

Développement Les petits pseudobulbes d'une taille de 3,5 à 5 cm donnent 2 à 3 feuilles elliptiques d'environ 10 à 20 cm de long, ainsi qu'une hampe florale de 15 à 20 cm, arquée, portant 1 à 4 fleurs odorantes d'un blanc nuancé de vert clair. Les sépales vert clair, minces et longs, ainsi que les pétales présentent une pointe recourbée vers l'arrière et sont disposés en étoile autour du grand labelle blanc en forme de capuche, dont le cœur est vert tendre. Le lobe avant du labelle est retroussé.

Période de floraison L'été.

Période de repos L'hiver.

Température/lumière/humidité ambiante Atmosphère fraîche à tempérée. Les températures diurnes oscillent entre 18 et 22 °C et les températures nocturnes entre 13 et 16 °C. L'emplacement doit être clair mais sans ensoleillement direct, l'humidité ambiante ne doit jamais être inférieure à 50 %.

Culture/entretien En pot ou dans une corbeille, avec un substrat constitué d'écorces grossièrement pilées. L'orchidée peut aussi être attachée à une tablette de liège. Pendant la phase de croissance, arrosez régulièrement et abondamment et faites un apport d'engrais tous les quinze jours. Au cœur de la période de repos, laissez presque sécher le substrat et placez la plante dans un endroit frais jusqu'à l'apparition des nouvelles pousses.

Particularités Cette orchidée a certes besoin de beaucoup de lumière, mais elle ne supporte pas le soleil direct. Ainsi, en été, il faut constamment la protéger d'éventuelles brûlures.

INFO

Il s'agit d'une plante pour débutants avertis ; elle doit être cultivée en serre froide.

Encyclia vitellina

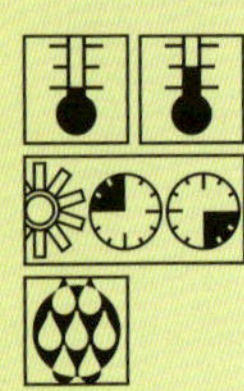

Famille/sous-famille *Orchidaceae/Epidendroideae.*

Tribu/sous-tribu *Epidendreae/Laeliinae.*

Genre *Encyclia.*

Origine/propagation Guatemala, Mexique ; croissance épiphyte jusqu'à une altitude de 2 600 m.

Synonymes *Epidendrum vitellina, Epidendrum vitellinum, Hormidium vitellinum.*

Développement Les pseudobulbes en forme de poires plates donnent 2 à 3 feuilles lancéolées aux reflets bleutés, longues de 15 à 20 cm. Les fleurs d'environ 4 cm, d'un orange lumineux, sont groupées en ordre dispersé autour d'une hampe florale courte et ramifiée. Les sépales et les pétales longs et larges, lancéolés, sont disposés à plat autour du labelle, orangé à jaune orangé, dont l'avant est d'un jaune intense.

Période de floraison L'hiver et le printemps.

Période de repos L'hiver.

Température/lumière/humidité ambiante Atmosphère fraîche à tempérée. En été, les températures diurnes peuvent monter jusqu'à 35 °C, et les températures nocturnes ou hivernales peuvent descendre jusqu'à 8 °C. Bien que cette orchidée soit très adaptable, elle préfère un emplacement clair avec ensoleillement direct le matin ou l'après-midi. L'humidité ambiante doit osciller entre 60 et 80 %.

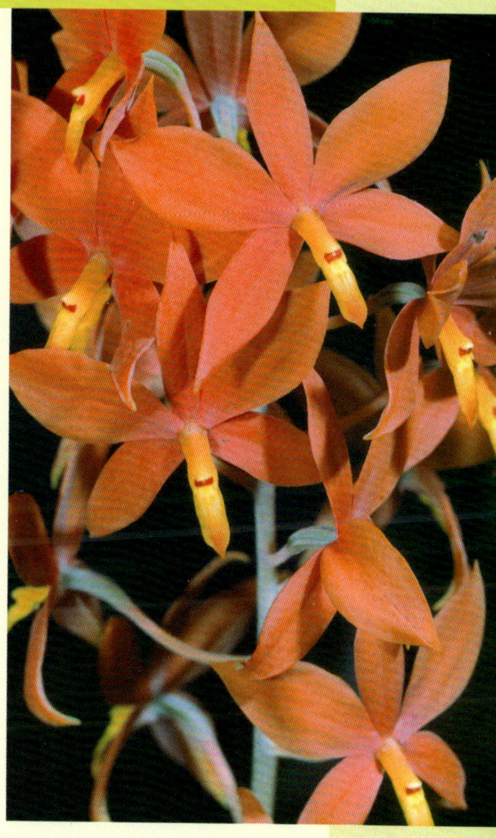

Culture/entretien En pot avec un substrat constitué d'écorces pilées ou d'osmonde. Pendant la phase de croissance, arrosez régulièrement et abondamment sans oublier de vaporiser ; faites un apport d'engrais tous les quinze jours. Lorsque les nouvelles pousses sont de taille suffisante, à la fin de l'été, espacez les arrosages et cessez les apports d'engrais. Au moment de la première floraison, reprenez les arrosages et augmentez progressivement la quantité. Pour obtenir un bon développement, il est nécessaire qu'une différence importante soit respectée entre les températures diurnes et nocturnes.

Particularités Cette orchidée est particulièrement bien adaptée au rebord de la fenêtre, où elle donnera de meilleurs résultats qu'en serre si elle est bien surveillée.

INFO

Il s'agit d'une plante pour débutants avertis. Elle peut être entreposée à l'extérieur pendant l'été, aussi longtemps qu'elle est protégée du soleil de midi. Les fleurs peuvent vivre jusqu'à six semaines d'affilée.

EPIDENDRUM IBAGUENSE

Famille/sous-famille *Orchidaceae/Epidendroideae.*

Tribu/sous-tribu *Epidendreae/Laeliinae.*

Genre *Epidendrum.*

Origine/propagation Amérique centrale et Amérique du Sud ; croissance terrestre.

Développement Les racines sont constituées de tiges et non de pseudobulbes. Elles grandissent pour atteindre 90 cm. Des racines aériennes voisinent avec des feuilles elliptiques, coriaces, de 10 cm. La hampe florale porte de nombreuses fleurs en grappes. Les fleurs individuelles, mesurant de 2,5 à 4 cm, sont rouges, orange ou jaunes. Les sépales ont un aspect cireux. La gorge du labelle, de couleur jaune, présente une partie avant frangée.

Période de floraison Différente selon les lieux.

Période de repos Variable.

Température/lumière/humidité ambiante Atmosphère fraîche à tempérée. En été, les températures diurnes peuvent aller de 18 à 25 °C, en hiver, de 12 à 16 °C. L'humidité ambiante ne doit pas descendre en dessous de 50 % et l'aération doit rester constante.

Culture/entretien En pot de petite taille avec pratiquement n'importe quel substrat même si cette orchidée préfère le liège. Les rameaux fragiles doivent être tuteurés à l'aide de tiges de bambous. Pendant la phase de croissance, arrosez régulièrement et abondamment et faites un apport d'engrais tous les quinze jours. En dehors de cette période, arrosez et vaporisez parcimonieusement. Après la floraison, raccourcissez tous les rameaux à 1 ou 2 yeux.

Particularités Souvent, la plante développe en même temps des racines, de nouvelles pousses et des fleurs, ce qui ne lui permet d'observer aucune période de repos. Il faut dans ce cas arroser continuellement et faire des apports d'engrais.

INFO

Une plante pour débutants qui supporte facilement d'être cultivée sur le rebord de la fenêtre si les températures nocturnes ne sont pas trop élevées.

Epidendrum nocturnum

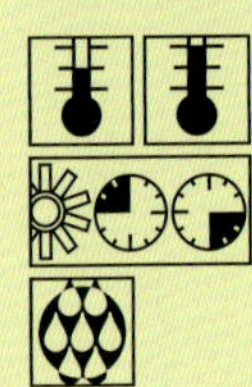

Famille/sous-famille *Orchidaceae/Epidendroideae.*

Tribu/sous-tribu *Epidendreae/Laeliinae.*

Genre *Epidendrum.*

Origine/propagation Amérique tropicale ; croissance épiphyte ou lithophyte, parfois terrestre.

Synonymes *Amphiglottis nocturna, Auliza nocturna, Epidendrum bahiense, Epidendrum buenaventurae, Epidendrum carolinianum, Epidendrum carpophorum, Epidendrum discolor.*

Développement Cette orchidée se développe de manière identique à celle des bambous. Elle possède de petites feuilles lancéolées qui proviennent directement des racines. Les tiges florales épaisses se terminent par des fleurs d'environ 10 cm qui parfument agréablement l'air pendant la nuit. Les sépales et les pétales pointus et longs sont disposés en étoile derrière le labelle blanc, également long et pointu. Ses lobes latéraux ressemblent à de petits triangles écartés. L'ensemble de la fleur rappelle la forme d'une hélice.

Période de floraison L'hiver.

Température/lumière/humidité ambiante Atmosphère chaude à tempérée. L'emplacement doit être clair, avec ensoleillement direct. L'humidité ambiante est élevée avec une bonne aération.

Culture/entretien En pot ou dans une corbeille avec un substrat laissant passer l'eau, complété par un bon système de drainage. Pendant la croissance, maintenez le substrat humide et faites un apport d'engrais toutes les deux semaines. Après la floraison, réduisez les apports d'eau mais faites en sorte que le substrat ne sèche pas. Raréfiez les apports d'engrais. Veillez à ne pas noyer le substrat.

Particularités Cette orchidée est résistante, à développement rapide. Elle pratique l'autofécondation quand ses fleurs sont encore fermées. Elle fabrique en permanence de petits boutons floraux qui ne s'ouvrent pas mais forment des capsules de semences.

INFO

Une plante particulièrement gratifiante pour les débutants.

EPIDENDRUM RADICANS

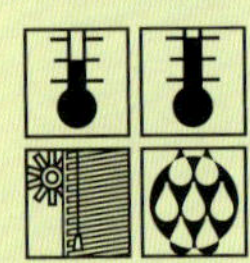

Famille/sous-famille *Orchidaceae/Epidendroideae.*

Tribu/sous-tribu *Epidendreae/Laeliinae.*

Genre *Epidendrum.*

Origine/propagation
Mexique, Brésil, Panama ; croissance généralement terrestre.

Développement
Cette orchidée fait partie des épidendrées de taille moyenne, avec une tige qui peut atteindre 40 cm. Ses longs rameaux et les racines aériennes qui s'y forment, ainsi que les hampes florales qui se constituent à leur extrémité, sont caractéristiques de cette espèce. Les fleurs orangées, longues d'environ 1 cm et au parfum agréable, présentent leur labelle retourné vers le haut. Les petits sépales et pétales de la même forme sont disposés derrière, en étoile.

Période de floraison L'automne et l'hiver.

Température/lumière/humidité ambiante Atmosphère chaude à tempérée. L'emplacement doit être clair mais sans ensoleillement direct. L'humidité ambiante restera importante, avec une bonne aération.

Culture/entretien En pot avec un substrat constitué d'écorces, de tourbe et de sable. *Epidendrum radicans* peut aussi être cultivée sans difficultés sur un rebord de fenêtre suffisamment large. En été, il est possible d'entreposer la plante à l'extérieur. Pendant la phase de croissance, apportez de l'engrais tous les quinze jours. Cessez les apports d'engrais pendant l'hiver. De la même manière, il ne faut pas vaporiser en hiver car cette espèce pourrit facilement. Les apports d'eau doivent être ajustés à la température ambiante. Cette orchidée aime l'humidité mais le substrat ne doit pas être détrempé, de même qu'il ne doit pas rester sec trop longtemps.

Particularités Les fleurs du bas tombent avant que celles du haut ne commencent à s'ouvrir. Cette plante a un développement rapide et à sa taille adulte elle fleurit toute l'année, sur des rameaux différents.

INFO

Il s'agit d'une orchidée pour débutants. Il faut veiller au manque d'humidité et aux attaques de cochenilles. Sur sa terre natale, elle est parfois utilisée en guise de haie dans les jardins.

Eulophia guineensis

Famille/sous-famille *Orchidaceae/Vandoideae.*

Tribu/sous-tribu *Cymbidieae/Cyrtopodiinae.*

Genre *Eulophia.*

Origine/propagation Afrique tropicale ; croissance généralement terrestre.

Synonymes *Eulophia congoneis, Eulophia quartiniana, Galeandra quartiniana, Graphorchis guineensis, Saccolabium abyssinicum.*

Développement Les pseudobulbes ovoïdes, d'une taille de 5 cm environ, sont très serrés sous le rhizome souterrain. Dans leur partie supérieure, ils donnent naissance à des feuilles d'une longueur pouvant atteindre 25 cm, lancéolées, aux rebords ondulés. Sur la tige florale d'une hauteur de 40 cm grandissent souvent plus de 10 fleurs roses et parfumées, qui s'ouvrent les unes après les autres, libérant les sépales et les pétales dont l'intérieur est strié de rose foncé, ainsi que le labelle trilobé, d'un blanc intense. Les sépales latéraux du labelle, d'un blanc pur, sont relevés vers le haut et fermement attachés à la base de l'anthère. L'avant du labelle, large, strié de rose ou de pourpre, possède un bord ondulé, légèrement retroussé vers l'intérieur.

Période de floraison L'été et l'hiver.

Période de repos Après le développement des bulbes, pendant environ un mois.

Température/lumière/humidité ambiante Atmosphère fraîche à tempérée, chaude en été et froide en hiver. Les températures oscillent entre 8 et 29 °C. L'emplacement doit être clair à ombragé, l'humidité ambiante doit rester aux alentours de 50 % avec une bonne aération.

Culture/entretien En pot avec un substrat à base d'écorces et d'osmonde ou de sphaigne, avec une grande proportion de perlite. Arrosez régulièrement et abondamment jusqu'à ce que survienne la période de repos, et faites des apports d'engrais. Pendant la croissance des pousses, limitez les arrosages. En présence d'un excès d'eau, les pousses meurent. Il vaut donc mieux vaporiser. Au cours de la période de repos, arrosez peu et abstenez-vous de tout apport d'engrais.

Particularités Cette orchidée doit être rempotée chaque année, au moment où les fleurs et les feuilles ont disparu.

INFO

Une plante pour débutants qui s'accommode également d'un substrat pour cactées.

Gongora maculata

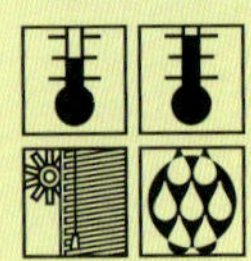

Famille/sous-famille *Orchidaceae/Vandoideae.*

Tribu/sous-tribu *Cymbidieae/Stanhopeinae.*

Genre *Gongora.*

Origine/propagation Mexique, Bolivie ; croissance épiphyte.

Développement Les pseudobulbes d'une taille de 10 cm, qui grandissent en groupes, donnent chacun naissance à 2 feuilles coriaces en forme de gouttes, nervurées, d'une longueur de 25 à 40 cm. Les fleurs individuelles apparaissant sur des rameaux de 30 à 40 cm sont de couleur crème et arborent des points rouges à bruns, très serrés. Elles fleurissent souvent en cascade sur une tige dont la longueur peut dépasser 50 cm et qui surgit latéralement du pseudobulbe. Ces inflorescences au parfum agréable mesurent environ 3,5 cm. Elles ressemblent à de petits colibris sur le point de se poser.

Période de floraison Le printemps et l'été.

Période de repos Après l'apparition des boutons floraux.

Température/lumière/humidité ambiante Atmosphère chaude à tempérée. Les températures diurnes oscillent entre 18 et 29 °C et les températures nocturnes entre 13 et 18 °C. L'emplacement doit être clair mais sans ensoleillement direct, l'humidité ambiante est forte, avec une bonne aération.

Culture/entretien En pot ou dans une corbeille, avec un substrat laissant bien passer l'eau, complété par un bon système de drainage constitué d'écorces finement pilées, de sphaigne ou d'osmonde. Pendant la phase de croissance, arrosez régulièrement et abondamment, vaporisez souvent et faites un apport d'engrais tous les quinze jours. Dès l'apparition des boutons floraux, mettez la plante dans un endroit frais et surtout ombragé, espacez les arrosages et cessez les apports d'engrais, jusqu'à l'éclosion des fleurs. Ensuite, ramenez la plante à son emplacement habituel, arrosez normalement et faites un apport d'engrais. Au cours de la période de repos, le substrat ne doit jamais être complètement sec.

Particularités En hiver, cette orchidée doit si possible rester dans un endroit clair, mais en été, elle préfère l'ombre.

INFO

Une plante pour débutants. Il n'existe aucun hybride pour cette espèce.

GRAMMATOPHYLLUM SCRIPTUM

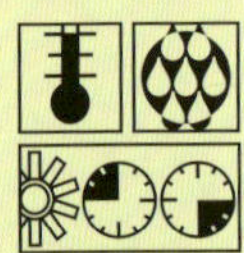

Famille/sous-famille *Orchidaceae/Vandoideae.*

Tribu/sous-tribu *Cymbidieae/Cyrtopodiinae.*

Genre *Grammatophyllum.*

Origine/propagation Nouvelle-Guinée, Philippines, Bornéo, Moluques, îles Salomon ; croissance épiphyte dans la forêt tropicale humide, jusqu'à une altitude de 500 m.

Synonymes *Cymbidium goweri, Cymbidium scriptum, Epidendrum scriptum, Gabertia scripta, Grammatophyllum boweri, Grammatophyllum leopardinum, Vanda scripta.*

Développement Cette orchidée fait partie des espèces de grande taille, puisqu'elle peut atteindre plus de 40 cm de hauteur. Ses fleurs, d'un jaune-vert pigmenté de taches rouge foncé ou brunes, sont portées par de grandes tiges ramifiées. La couleur de base du labelle trilobé est un peu plus claire. Les trois parties sont striées de brun à l'intérieur. Les sépales latéraux forment un heaume retourné vers le haut.

Période de floraison Le printemps.

Période de repos L'hiver.

Température/lumière/humidité ambiante Atmosphère chaude. La température ne doit jamais descendre en dessous de 15 °C. L'emplacement est très clair, avec ensoleillement direct le matin et l'après-midi. L'humidité doit être forte avec une bonne aération.

Culture/entretien Dans une petite corbeille garnie d'un substrat laissant bien passer l'eau, constitué de mousse ou d'écorces, élaboré « en sandwich », ce qui permet de laisser davantage d'air aux racines. Pendant la phase de croissance, arrosez régulièrement et abondamment et faites un apport d'un engrais riche en azote tous les quinze jours. En automne, l'engrais doit favoriser la floraison. Les racines peuvent sécher dans l'intervalle. Après la fin de la floraison et au cours de la période de repos au début de l'hiver, il convient d'arroser très peu, voire pas du tout.

Particularités Les racines constituent de petits nids. De ce fait, il n'est pas recommandé de pratiquer la culture en pot. La méthode « sandwich », qui consiste à laisser les racines s'immiscer entre deux tablettes de liège ou d'écorces, se révèle très utile.

INFO

Il s'agit d'une plante pour amateurs avertis. Grammatophyllum scriptum *peut prendre une très grande envergure, il faut donc lui accorder une place suffisante.*

Jumellea sagittata

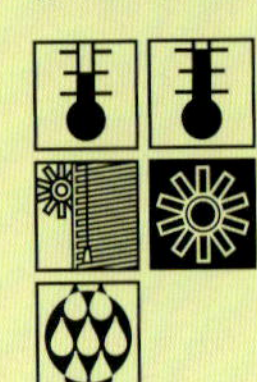

Famille/sous-famille *Orchidaceae/Vandoideae.*

Tribu/sous-tribu *Vandeae/Angraecinae.*

Genre *Jumellea.*

Origine/propagation Madagascar ; croissance épiphyte ou lithophyte.

Développement Cette solide orchidée à croissance monopodiale forme des racines aériennes. Les fleurs se poussent à l'aisselle des feuilles pliées à la base, nervurées au centre et longues d'environ 30 cm. Les tiges florales d'environ 10 cm porte des fleurs blanches de 4 à 5 cm, très parfumées pendant la nuit, dotées d'un long éperon. Les pétales et les sépales, de forme identique, sont longs et pointus. Ils sont disposés en étoile derrière le labelle plus large, ovale, retroussé vers l'arrière, nervuré au centre et de couleur jaune clair.

Période de floraison L'hiver, au début de l'année.

Température/lumière/humidité ambiante Atmosphère chaude à tempérée. Les températures diurnes oscillent entre 24 et 29 °C et les températures nocturnes avoisinent les 18 °C. Cette plante peut aussi être cultivée dans une ambiance plus fraîche. Elle aime les emplacements assez clairs à ombragés, une forte humidité et une bonne aération.

Culture/entretien En pot ou dans une corbeille avec un substrat léger et laissant passer l'eau, constitué de mousse et d'écorces, complété par un bon système de drainage. Arrosez régulièrement et suffisamment toute l'année, et faites un apport d'engrais toutes les trois semaines. Ne détrempez pas le substrat. Après la période de croissance, réduisez les apports d'eau et ne faites plus d'apport d'engrais.

Particularités Il existe peu d'hybrides de cette espèce. Ses partenaires de prédilection sont les *Angraecum* et les *Aeranthes*.

INFO

Il s'agit d'une plante pour débutants avertis. La croissance de Jumellea sagittata *rappelle celle d'une* Vanda. *Comparées à la stature de la plante les fleurs sont plutôt petites ; bien des amateurs d'orchidées la délaissent pour cette raison.*

Laelia anceps

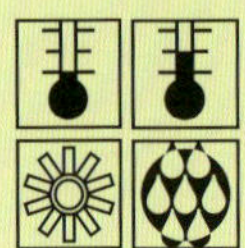

Famille/sous-famille *Orchidaceae/Epidendroideae.*

Tribu/sous-tribu *Epidendreae/Laeliinae.*

Genre *Laelia.*

Origine/propagation Mexique ; croissance épiphyte.

Synonymes *Bletia anceps, Cattleya anceps, Laelia barkeriana.*

Développement Les pseudobulbes d'une taille de 10 à 12 cm, ovales et aplatis sur un côté mais toujours dotés de deux rebords abrupts, donnent naissance à une feuille coriace. Les tiges florales, longues de 90 cm au maximum, portent 2 à 5 fleurs en étoile d'une taille de 10 cm. Alors que les sépales un peu plus clairs ont une extrémité pointue, les pétales arborent une forme plus ronde. Le labelle trilobé, large et frangé, a des sépales latéraux qui se réunissent pour former une gorge dont l'intérieur est paré d'une tache jaune veinée de rouge foncé. La pointe avant du labelle est ondulée et de couleur pourpre.

Période de floraison Le début de l'année.

Période de repos L'hiver.

Température/lumière/humidité ambiante Atmosphère fraîche à tempérée. Les températures diurnes oscillent entre 18 et 22 °C et les températures nocturnes entre 13 et 16 °C. L'emplacement doit être très clair, l'humidité ambiante marquée avec une bonne aération.

Culture/entretien Dans une corbeille avec un substrat bien aéré constitué d'écorces et d'osmonde. Pendant la phase de croissance, arrosez régulièrement et abondamment et faites un apport d'engrais tous les quinze jours avec un produit peu concentré. En dehors de la floraison et de la période de croissance, le substrat peut sécher complètement au moins une fois. *Laelia anceps* doit passer l'hiver dans un emplacement clair où les températures diurnes tourneront autour de 15 °C et les températures nocturnes autour de 10 °C. Au cours de cette période, arrosez moins souvent et ne faites aucun apport d'engrais.

Particularités Dans de bonnes conditions, cette orchidée fleurit jusqu'à deux fois par an. Il existe de très nombreuses variantes de cette espèce.

INFO

Il s'agit d'une plante pour amateurs avertis. À l'heure actuelle, il existe 52 hybrides de cette espèce.

Laelia flava

Famille/sous-famille *Orchidaceae/Epidendroideae.*

Tribu/sous-tribu *Epidendreae/Laeliinae.*

Genre *Laelia.*

Origine/propagation Brésil ; croissance épiphyte.

Synonymes *Sophronitis flava, Laelia crispata, Bletia cauleschens, Bletia flava, Bletia lutea, Cattleya flava, Cattleya lutea, Hoffmanseggela flava, Laelia fulva.*

Développement Les gros pseudobulbes cylindriques, de 10 à 20 cm, sont regroupés autour du rhizome souterrain. Ils ne donnent naissance qu'à une seule feuille, érigée et lancéolée. À l'extrémité de la tige, de 30 à 40 cm, apparaissent 4 à 10 fleurs jaunes d'un parfum agréable, d'environ 2,5 cm. Les sépales et les pétales minces ont une extrémité arrondie et légèrement retroussée vers le bas. Le labelle en forme d'entonnoir est frangé de manière décorative sur le bout et arbore un jaune intense ou une teinte orangée à rouge orangé. La couleur des labelles varie d'une fleur à l'autre. Elle peut être jaune foncé ou rouge orangé.

Période de floraison Le début de l'année et l'été.

Période de repos Après la floraison.

Température/lumière/humidité ambiante Atmosphère tempérée avec de grands écarts de température entre le jour et la nuit. L'emplacement doit être clair mais sans ensoleillement direct, l'humidité ambiante marquée avec une bonne aération.

Culture/entretien En pot avec un substrat laissant passer l'eau, complété par un bon système de drainage de fibres de bois ou d'écorce. Pendant la croissance, arrosez bien régulièrement et faites des apports d'engrais. Laissez de temps en temps le substrat sécher complètement. Après la floraison, laissez le substrat complètement sec pendant un mois. Dès l'apparition des premières pousses, reprenez peu à peu les arrosages et les apports d'engrais.

Particularités Cette orchidée est souvent utilisée pour les croisements avec d'autres espèces, en raison de sa couleur intense qu'elle transmet volontiers.

INFO

Une plante pour débutants. Elle ne doit être rempotée qu'en cas de nécessité absolue, car elle réagit généralement en cessant de fleurir.

Laelia gauldiana

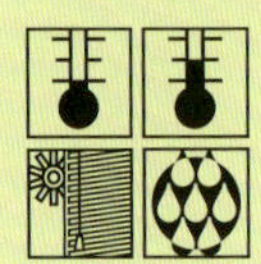

Famille/sous-famille *Orchidaceae/Epidendroideae.*

Tribu/sous-tribu *Epidendreae/Laeliinae.*

Genre *Laelia.*

Origine/propagation Mexique ; croissance épiphyte.

Développement

Les pseudobulbes de 15 cm, anguleux, donnent 2 à 3 feuilles coriaces, lancéolées et rigides, ainsi qu'une tige florale à l'extrémité de laquelle poussent de grandes fleurs parfumées rose fuchsia d'environ 7,5 cm, à longue durée de vie. Les sépales allongés et pointus à leur extrémité, ainsi que les pétales plus ronds, mais également pointus à leur extrémité sont disposés en éventail autour du labelle plus petit qui arbore une couleur plus foncée. Ses sépales latéraux forment une gorge blanche décorée d'un motif jaune et pourpre. L'avant du labelle, plus foncé, est légèrement ondulé et retroussé vers le bas.

Période de floraison L'hiver.

Période de repos Après la floraison.

Température/lumière/humidité ambiante Atmosphère fraîche à tempérée. L'emplacement doit être clair mais sans ensoleillement direct, l'humidité ambiante marquée avec une bonne aération.

Culture/entretien En pot ou dans une corbeille suspendue, avec un substrat constitué d'écorces, d'osmonde ou encore de fibres de bois. Pendant la phase de croissance, arrosez régulièrement et abondamment, et faites des apports d'engrais. Le substrat doit sécher en dehors de cette période. Après la floraison, reprenez lentement les apports d'eau. Dès que les nouvelles pousses apparaissent, augmentez progressivement les arrosages et les apports d'engrais.

Particularités Les *Laelia* et les cattleyas se croisent facilement car elles présentent de fortes similitudes. Désormais, il existe davantage d'hybrides de *Laeliocattleyas* que de *Laelia*. Les *Laelia* sont rarement croisées entre elles.

Une plante pour débutants, facile à cultiver et à fort développement. Sa floraison est très régulière.

INFO

Laelia purpurata

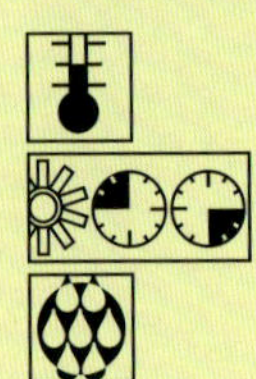

Famille/sous-famille *Orchidaceae/Epidendroideae.*

Tribu/sous-tribu *Epidendreae/Laeliinae.*

Genre *Laelia.*

Origine/propagation Brésil.

Synonymes *Bletia casperiana, Bletia purpurata, Cattleya brysiana, Cattleya casperiana, Cattleya crispa, Cattleya purpurata, Laelia casperiana, Laelia russeliana, Laelia schroederii, Laelia wyattiana.*

Développement Les pseudobulbes qui peuvent atteindre 80 cm donnent 2 à 3 feuilles de 15 cm, lancéolées, rigides et coriaces, qui contiennent la hampe florale. À l'extrémité de celle-ci se forment 3 à 5 fleurs couleur crème, d'environ 13 cm, dont la durée de vie est longue et qui diffusent un parfum agréable. Les sépales sont allongés et frangés sur leurs bords. Les pétales, un peu plus ronds, sont également frangés. Les sépales latéraux du labelle à l'aspect velouté forment une gorge blanche arborant un motif jaune et pourpre. L'avant du labelle est pourpre et frangé comme le reste de la fleur. Dans de nombreuses variétés de cette espèce, les pétales sont roses et l'avant du labelle d'un pourpre intense.

Période de floraison Le printemps.

Période de repos Après la floraison.

Température/lumière/humidité ambiante Atmosphère tempérée. L'emplacement doit être clair avec ensoleillement direct. L'humidité ambiante doit être de 80 % avec un bon apport d'air frais.

Culture/entretien Dans un pot peu profond ou une petite coupe remplie d'un substrat à base d'écorces et d'osmonde. Pendant la phase de croissance, arrosez régulièrement et abondamment dès que le substrat commence à sécher. Faites un apport d'engrais toutes les trois semaines en ne dosant le produit qu'à demi. Cette orchidée doit garder un substrat humide toute l'année mais il faut éviter de le détremper. Après la floraison, réduisez progressivement les apports d'engrais puis arrêtez-les tout à fait jusqu'à l'apparition de nouvelles pousses. Ensuite, recommencez progressivement à nourrir la plante. En été, cette espèce peut rester à l'extérieur, dans un lieu abrité.

Particularités Étant donné que cette espèce commence sa croissance tard dans l'année, elle doit rester dans un endroit clair et peut profiter du soleil d'octobre sans protection particulière.

INFO

Il s'agit d'une plante réservée aux amateurs avertis. Laelia purpurata *est la fleur nationale du Brésil. Il en existe de nombreux hybrides très séduisants et diverses variétés qui se font un nom, petit à petit.*

Lycaste aromatica

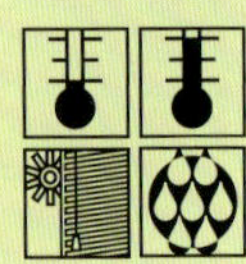

Famille/sous-famille *Orchidaceae/Vandoideae.*

Tribu/sous-tribu *Maxillarieae/Lycastinae.*

Genre *Lycaste.*

Origine/propagation Amérique centrale ; croissance épiphyte ou lithophyte.

Synonymes *Lycaste suaveolens, Maxillaria aromatica, Colax aromaticus.*

Développement Les pseudobulbes d'une taille de 7 à 15 cm, d'aspect solide et trapu, donnent des feuilles larges, molles et nervurées. Les boutons floraux individuels apparaissent en même temps que les pousses, à la base du bulbe. Les fleurs dorées, triangulaires et parfumées, sont constituées de sépales clairs et largement écartés, attachés très court sur la colonne et entourés de petits pétales d'un jaune doré. Le labelle trilobé présente une partie avant qui s'incline vers le bas, et forme avec les sépales un petit entonnoir.

Période de floraison Le printemps et l'été.

Période de repos L'hiver ; période de repos strict de janvier à mars.

Température/lumière/humidité ambiante Atmosphère chaude en été, froide en hiver. L'emplacement doit être clair mais sans ensoleillement direct, l'humidité ambiante marquée avec une bonne aération.

Culture/entretien En pot avec substrat d'écorces. Les apports d'eau se font à température ambiante et adaptés à l'emplacement choisi pour la plante. Au cours de la période de repos, celle-ci doit être placée dans un endroit frais et n'a pas besoin d'eau tant que les bulbes ne se flétrissent pas trop. Néanmoins, veillez à maintenir un taux d'humidité ambiante élevé. Dès l'apparition d'une nouvelle pousse, augmentez progressivement les apports d'eau. Quand la pousse mesure environ 5 cm, arrosez de façon normale et faites un apport d'engrais.

Particularités Cette orchidée diffuse un agréable parfum de cannelle. C'est une cousine de *Lycaste anguola* et il est très facile de les croiser.

INFO

Il s'agit d'une plante réservée aux débutants avertis. Comme il existe sur le marché un clone de Lycaste aromatica *très peu florifère, il faut lors de l'achat veiller à ce que la plante soit adulte, donc capable de fleurir, et qu'elle présente à la fois une tige florale adulte et de nouveaux boutons floraux.*

MASDEVALLIA TOVARENSIS

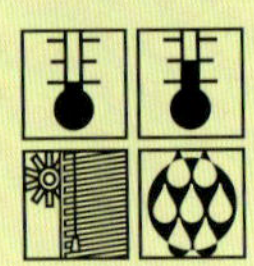

Famille/sous-famille *Orchidaceae/Epidendroideae.*

Tribu/sous-tribu *Epidendreae/Pleurothallidinae.*

Genre *Masdevallia.*

Origine/propagation Colombie, Venezuela ; croissance épiphyte jusqu'à une altitude de 2 000 m.

Synonyme *Masdevallia candida.*

Développement Cette orchidée d'aspect compact forme de petits troncs d'une longueur variable sur lesquels pousse une feuille unique d'aspect laqué, vert foncé et lancéolée. Dans l'axe de cette feuille surgissent des tiges florales mesurant jusqu'à 15 cm, à l'extrémité desquelles se forment 2 à 7 fleurs blanches d'environ 4 cm, au parfum agréable. Ces fleurs se différencient des inflorescences de toutes les autres orchidées. Le labelle et les pétales sont minuscules. Les sépales for-

ment une grosse boule et leurs extrémités pointues les font ressembler à des hérissons.

Période de floraison L'automne et l'hiver.

Température/lumière/humidité ambiante Atmosphère fraîche à tempérée. L'emplacement doit être clair mais sans ensoleillement direct. L'humidité ambiante oscille entre 50 et 80 %. Une bonne aération préviendra les attaques de champignons auxquelles cette plante se révèle malheureusement sensible.

Culture/entretien En pot avec un substrat fin, qui doit être humide toute l'année. En été, faites un apport d'engrais à faible concentration toutes les trois semaines. En hiver, observez des intervalles de quatre semaines. Évitez le détrempage du substrat.

Particularités *Masdevillia tovarensis* peut fleurir plusieurs fois par an, même sur les tiges qui ont déjà porté des boutons. De ce fait, préférez vous abstenir de les couper avant qu'ils soient complètement secs.

INFO

Il s'agit d'une plante pour débutants avertis, relativement facile d'entretien. Elle est communément appelée « orchidée de Noël » parce qu'elle fleurit à peu près à l'époque de cette fête. Au XIX*e* *siècle,* Masdevallia tovarensis *a été largement exportée vers l'Europe et a suscité un véritable engouement.*

Maxillaria picta

Famille/sous-famille *Orchidaceae/Vandoideae.*

Tribu/sous-tribu *Maxillarieae/Maxillariinae.*

Genre *Maxillaria.*

Origine/propagation Est du Brésil ; croissance épiphyte.

Développement Les pseudobulbes en forme de poire, d'une taille de 5 à 7,5 cm, portent de longs sillons. Ils donnent naissance à 1 à 3 feuilles terminales, au profil linéaire à lancéolé, de 25 à 30 cm de long, coriaces et pendantes. À l'extrémité de la hampe florale pendante ou érigée se forme une fleur aromatique en forme de cloche, d'environ 2,5 cm de diamètre. Les sépales et les pétales minces ont des extrémités retroussées vers l'avant. Ils sont blancs à l'extérieur, avec des taches rouges ou rouge-brun, et jaune-vert à l'intérieur. Les sépales latéraux du labelle, également tachetés de rouge à l'extérieur, forment une gorge et sont ondulés de manière décorative, tout comme le bord du labelle. L'avant de ce dernier, long et large, présente un intérieur blanc.

Période de floraison L'automne et l'hiver.

Période de repos Après la floraison, pendant environ trois semaines.

Température/lumière/humidité ambiante Atmosphère tempérée. Les températures diurnes oscillent entre 18 et 24 °C et les températures nocturnes entre 13 et 16 °C. L'emplacement doit être clair mais légèrement ombragé, l'humidité ambiante marquée avec une bonne aération.

Culture/entretien En pot ou en corbeille avec n'importe quel substrat. Pendant la phase de croissance, arrosez régulièrement et abondamment et faites des apports d'engrais. Après la floraison, laissez sécher le substrat pendant au moins trois semaines. Dès l'apparition d'une nouvelle pousse, reprenez progressivement les arrosages et les apports d'engrais. Rempotez tous les trois ou quatre ans seulement.

INFO

C'est une plante pour débutants. Maxillaria picta *ne doit être rempotée qu'en cas d'extrême nécessité car, en règle générale, elle réagit en cessant de fleurir.*

Maxillaria variabilis

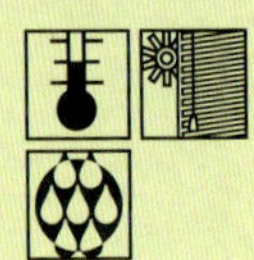

Famille/sous-famille *Orchidaceae/Vandoideae.*

Tribu/sous-tribu *Maxillariineae/ Maxillariinae.*

Genre *Maxillaria.*

Origine/propagation Mexique, Panama ; croissance épiphyte.

Synonymes *Maxillaria augustifolia, Maxillaria chiriquensis, Maxillaria costaricensis.*

Développement Cette orchidée à l'apparence très variable possède des pseudobulbes d'environ 7,5 cm sur lesquels pousse une feuille vert foncé, lancéolée et coriace, ainsi qu'une tige florale courte. Les sépales longs, coniques, et les pétales un peu plus étroits forment un heaume ouvert au-dessus du labelle. Celui-ci est pincé dans sa partie centrale et paré de couleurs plus foncées à la base. Les teintes varient du jaune au noir, en passant par le rouge foncé, d'où le nom de la fleur, *variabilis*.

Période de floraison L'hiver.

Période de repos Après la fin de la floraison, trois à quatre semaines.

Température/lumière/humidité ambiante Atmosphère tempérée. L'emplacement doit être clair mais sans ensoleillement direct, l'humidité ambiante forte avec une bonne aération.

Culture/entretien En pot avec un substrat laissant passer l'eau, complété par un bon système de drainage d'écorces de pin, de séramis (billes d'argile), de perlite, de charbon de bois et d'un peu de mousse. L'orchidée peut être tuteurée sur un support enveloppé de mousse. Pendant la croissance, arrosez bien et régulièrement, et faites un apport d'engrais faiblement concentré. Le substrat ne doit pas rester sec longtemps. Pendant la période de repos, très courte, abstenez-vous de faire des apports d'engrais mais arrosez abondamment.

Particularités Lorsque la plante a fleuri une première fois, des fleurs doivent apparaître avec les nouvelles pousses.

Une plante pour débutants.

INFO

Miltonia spectabilis

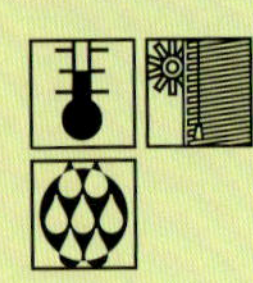

Famille/sous-famille *Orchidaceae/Vandoideae.*

Tribu/sous-tribu *Cymbidieae/Oncidiinae.*

Genre *Miltonia.*

Origine/propagation Brésil ; croissance épiphyte.

Développement Les gros pseudobulbes sont groupés autour du rhizome souterrain et donnent des feuilles jaune-vert espacées d'environ 2 à 3 cm. Les tiges florales portent 40 à 50 fleurs individuelles parfumées dont la taille est supérieure à 15 cm, qui s'ouvrent toutes en même temps. Les sépales et les pétales sont minces et lancéolés, les pétales fortement incurvés vers le bas. Le grand et large labelle ondulé est strié de lignes pourpres de sa base à son extrémité ou presque, plus particulièrement dans sa partie centrale.

Période de floraison L'été ou l'automne.

Période de repos L'hiver.

Température/lumière/humidité ambiante Atmosphère tempérée. Les températures diurnes doivent varier entre 18 et 27 °C et les températures nocturnes entre 13 et 16 °C. L'emplacement doit être clair mais sans ensoleillement direct, l'humidité ambiante forte avec une bonne aération.

Culture/entretien En pot de taille moyenne ou en corbeille, avec un substrat laissant bien passer l'eau, complété par un bon système de drainage constitué d'écorces, de sphaigne, de perlite ou d'osmonde. Pen-

dant la phase de croissance, arrosez régulièrement et abondamment et faites des apports d'engrais. Ne laissez jamais le substrat sécher complètement, tout en évitant de le détremper. En hiver, réduisez un peu les arrosages. Tous les ans ou tous les deux ans, au cours de la saison froide, rempotez à l'instant où la croissance commence.

Une plante pour débutants. Les deux espèces Miltonia *et* Miltoniopsis *ont d'abord été différenciées, c'est pourquoi elles portent de nombreux noms différents. Les premiers hybrides sont devenus des hybrides intergénériques, mais exceptionnellement ils gardent leur ancien nom.*

INFO

Odontoglossum cordatum

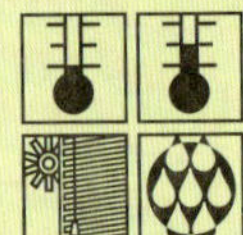

Famille/sous-famille *Orchidaceae/Vandoideae.*

Tribu/sous-tribu *Cymbidieae/Oncidiinae.*

Genre *Odontoglossum.*

Origine/propagation Honduras ; croissance épiphyte jusqu'à une altitude de 3 500 m.

Synonymes *Lemboglossum cordatum, Rhynchostele cordata.*

Développement Les pseudobulbes ovales et aplatis sur les côtés donnent 2 à 5 feuilles coriaces et lancéolées, de 10 à 30 cm. À leur base surgissent des tiges florales, parfois de 20 cm, portant de nombreuses fleurs, légèrement recourbées. Les fleurs à base jaune et à taches marron clair, de 7 cm, s'ouvrent les unes après les autres. Les pétales lancéolés et pointus et le sépale central sont disposés en étoile autour du labelle allongé, un peu plus clair et beaucoup moins tacheté, dont les sépales latéraux, longs et pointus, sont incurvés vers le bas.

Période de floraison L'automne et le printemps.

Période de repos L'automne, à la maturation des bulbes.

Température/lumière/humidité ambiante Atmosphère fraîche à tempérée. Les températures diurnes oscillent entre 15 et 22° C et les températures nocturnes entre 6 et 10° C en hiver, mais la moyenne se situe autour de 15 °C. La température minimale doit être de 12 °C et la température maximale de 24 °C. L'emplacement est clair mais sans ensoleillement direct, l'humidité ambiante reste à 60 %.

Culture/entretien En pot avec un substrat laissant passer l'eau, complété par un bon système de drainage d'écorces pilées, de perlite et d'un peu de coquillages pilés. Pendant la croissance, arrosez bien et régulièrement, faites un apport d'engrais peu concentré toutes les trois semaines. Contentez-vous d'arroser lorsque le substrat commence à sécher, et cessez les apports d'engrais. L'hiver, laissez brièvement le substrat se dessécher, mais vaporisez le matin. Lorsque la tige florale apparaît, reprenez peu à peu les arrosages et l'apport d'engrais et placez la plante dans un endroit plus chaud. Ne rempotez que rarement, et seulement au commencement du développement des racines. La plante peut déborder de son pot. Dès que toute menace de gel est écartée, vous pouvez entreposer la plante dans un endroit ombragé, à l'air libre.

Particularités Étant donné que les racines pourrissent facilement, il est essentiel d'éviter le détrempage du substrat.

INFO

Il s'agit d'une plante pour débutants avertis. Elle exige un emplacement frais et clair, une bonne aération et une humidité ambiante suffisante.

ODONTOGLOSSUM CRISPUM var.

Famille/sous-famille *Orchidaceae/Vandoideae.*

Tribu/sous-tribu *Cymbidieae/Oncidiinae.*

Genre *Odontoglossum.*

Origine/propagation Colombie ; croissance épiphyte.

Développement Les pseudobulbes d'une taille de 6 cm environ, ovales et aplatis sur les côtés, donnent naissance à 1 à 2 feuilles coriaces, elliptiques ou lancéolées, longues de 10 à 30 cm. Dans l'aisselle des feuilles surgissent les hampes florales qui peuvent mesurer jusqu'à 75 cm, longues et paniculées. Elles portent de nombreuses fleurs parfumées, à base blanche tachetée de rose, qui s'ouvrent les unes après les autres et peuvent atteindre un diamètre d'environ 7,5 cm. Comparé aux larges sépales et aux pétales au bord dentelé, le labelle à base également blanche et à gorge jaune tachetée de rouge-brun paraît relativement petit. Chez certaines variétés les sépales et les pétales sont tachetés de brun, voire striés de cette même couleur.

Période de floraison Surtout en hiver, souvent toute l'année.

Température/lumière/humidité ambiante Atmosphère fraîche à tempérée. Les températures diurnes oscillent entre 7 et 16 °C. L'emplacement doit être clair mais sans ensoleillement direct, l'humidité ambiante sera au moins égale à 70 %, avec une bonne aération.

Culture/entretien En pot de petite taille, avec un substrat laissant passer l'eau, avec par un bon système de drainage de fibres de bois et de perlite. Le substrat doit rester humide en continu, sans être détrempé.

Cette orchidée a besoin d'un emplacement humide, clair et très bien aéré. Rempotez annuellement, en automne ou au début du printemps.

INFO

Il s'agit d'une plante pour débutants avertis disposant d'un emplacement adéquat. Cette espèce magnifique fait partie des plus appréciées dans le monde. Elle est très souvent utilisée pour la culture d'hybrides. Plus de cent variétés en sont issues, et le nombre de ses hybrides est sans aucun doute équivalent.

Odontoglossum hallii

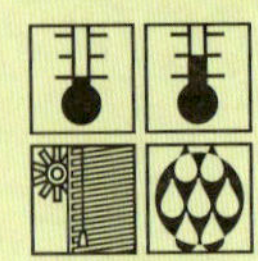

Famille/sous-famille *Orchidaceae/Vandoideae.*

Tribu/sous-tribu *Cymbidieae/Oncidiinae.*

Genre *Odontoglossum.*

Origine/propagation Équateur ; croissance épiphyte et très rarement lithophyte.

Développement Les pseudobulbes ovales, aplatis sur les côtés, donnent naissance à 2 à 5 feuilles coriaces et lancéolées, longues de 15 à 30 cm. Les longues hampes florales qui apparaissent à leur base portent de nombreuses fleurs parfumées, à base jaune, tachetées de brun ou de rouge-brun. Elles s'ouvrent les unes après les autres et ont un diamètre d'environ 7 cm. Comparés au grand labelle blanc à taches rouges, rond et dentelé sur les bords, les sépales et les pétales ovales contournés, avec leur longue pointe jaune, paraissent fragiles.

Période de floraison
L'été.

Période de repos
Le printemps.

Température/lumière/humidité ambiante Atmosphère fraîche à tempérée. En hiver, les températures ne doivent pas descendre en dessous de 8 °C, et en été, ne pas dépasser 24 °C. Pendant la phase de croissance, les températures nocturnes idéales oscillent autour de 15 °C. L'emplacement doit être clair mais sans ensoleillement direct, et l'humidité ambiante d'au moins 60 % avec une bonne aération.

Culture/entretien En pot avec un substrat laissant passer l'eau. Pendant la croissance, arrosez bien et régulièrement, faites un apport d'engrais toutes les semaines. Par la suite, n'arrosez que lorsque le substrat commence à sécher, et cessez les apports d'engrais. Au printemps, laissez brièvement le substrat sécher complètement, mais vaporisez les feuilles le matin. À l'apparition des premières hampes florales, reprenez progressivement les arrosages et les apports d'engrais puis placez l'orchidée dans un endroit plus chaud. Ne rempotez que si nécessaire. Dès lors que toute menace de gel a disparu, la plante peut être entreposée à l'extérieur, dans un endroit ombragé.

Particularités Les racines sont sensibles au sel, il faut donc laver le substrat à plusieurs reprises. En outre, les feuilles se tachent facilement si elles restent mouillées la nuit ou si l'aération est déficiente.

INFO

C'est une plante pour débutants avertis. Elle est facile à entretenir si elle grandit dans une atmosphère aux températures fraîches qui lui conviennent, avec une excellente aération.

Odontoglossum pulchellum

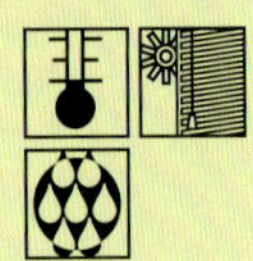

Famille/sous-famille *Orchidaceae/Vandoideae.*

Tribu/sous-tribu *Cymbidieae/Oncidiinae.*

Genre *Odontoglossum.*

Origine/propagation Amérique centrale ; croissance épiphyte et rarement lithophyte, jusqu'à une altitude de 2 500 m.

Synonymes *Osmoglossum pulchellum, Cuitlauzina pulchella.*

Développement Les pseudobulbes d'environ 6 cm, ovales et aplatis sur les côtés, donnent naissance à 2 à 5 feuilles coriaces et elliptiques, de 10 à 30 cm. Dans l'axe des feuilles surgissent les hampes florales paniculées. Les fleurs, d'un blanc pur, ont un parfum proche de celui du muguet et mesurent 5 cm. Les pétales et le sépale du milieu sont grands et ovales, les sépales latéraux plus petits et allongés. Le labelle blanc, court et dentelé sur le devant, porte une tache orangée à pointillés bruns.

Période de floraison L'automne et l'hiver.

Période de repos L'hiver.

Température/lumière/humidité ambiante Atmosphère fraîche. En hiver, les températures oscillent entre 15 et 20 °C le jour et 6 et 8 °C la nuit. Pendant la croissance, ces températures doivent tourner autour de 15 °C la nuit. L'emplacement doit être clair, sans ensoleillement direct, et l'humidité ambiante supérieure à 50 %, avec une bonne aération.

Culture/entretien En pot avec un substrat laissant passer l'eau. Pendant la croissance, arrosez bien et régulièrement, et faites un apport d'engrais toutes les trois semaines. Ensuite, cessez les apports d'engrais et n'arrosez que lorsque le substrat menace de sécher. En hiver, laissez brièvement sécher le substrat, mais vaporisez le matin. Dès que les boutons floraux deviennent charnus, augmentez peu à peu les apports d'eau et d'engrais puis posez la plante dans un endroit plus chaud. Rempotez rarement. Lorsque les menaces de gel ont disparu, la plante peut être installée à l'air libre, à l'ombre.

Particularités Sur sa terre natale, cette orchidée est confrontée à plusieurs mois de sécheresse dans l'année.

INFO

Il s'agit d'une plante pour débutants avertis. Les clones de cette espèce ont parfois un parfum de jacinthe.

Oncidium ornithorhynque

Famille/sous-famille *Orchidaceae/Vandoideae.*

Tribu/sous-tribu *Cymbidieae/Oncidiinae.*

Genre *Oncidium.*

Origine/propagation Mexique, Costa Rica, Guatemala, Salvador ; croissance épiphyte.

Développement Les pseudobulbes ovales, de 5 cm, donnent naissance à 1 à 2 tiges florales arquées ou pendantes, portant une grappe de fleurs de 2,5 cm, roses à pourpres, au parfum de vanille, agrémentées de grandes feuilles lancéolées. Les sépales et les pétales ovales sont légèrement retroussés vers l'arrière. Le labelle en forme de cœur, doté d'un durillon doré, est légèrement entaillé à son extrémité.

Période de floraison L'automne l'hiver.

Période de repos Après la fin de la croissance.

Température/lumière/humidité ambiante Atmosphère fraîche. Cette orchidée aime les températures comprises entre 10 et 24 °C. L'emplacement doit être légèrement ombragé, surtout pendant la floraison. À d'autres périodes, la plante supporte parfois un ensoleillement direct. L'humidité ambiante est forte, avec une bonne aération.

Culture/entretien En pot, avec un substrat d'écorces pilées. Pendant la croissance et la floraison, arrosez régulièrement et faites des apports

d'engrais. Au cours des mois les plus froids, espacez les arrosages, et laissez le substrat sécher complètement de temps en temps. Après la fin de la croissance, n'arrosez plus la plante pendant quelque temps, puis recommencez progressivement les apports d'eau et d'engrais. Ne rempotez que lorsque le substrat est épuisé ou qu'il est temps de diviser la plante.

Particularités Cette orchidée supporte des emplacements ensoleillés en dehors de sa période de floraison. Elle peut donc être installée au jardin en été.

INFO

Une plante pour débutants. Cette espèce et les orchidées voisines donnent beaucoup de jolis hybrides intergénériques.

Paphiopedilum bellatulum

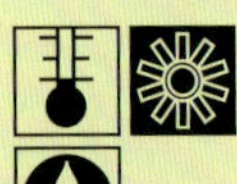

Famille/sous-famille *Cypripediaceae/Cypripediodeae.*

Genre *Paphiopedilum.*

Origine/propagation Chine ; croissance terrestre.

Développement Cette séduisante orchidée possède de magnifiques feuilles luisantes et déploie une fleur exceptionnelle. Les feuilles vert foncé, longues d'environ 25 cm et larges d'environ 9 cm, sont pourpres sur le dessous. Leur face externe est marbrée de gris argenté. Sur son court pétiole apparaît une fleur ronde, d'environ 7,5 cm, blanche ou crème, tachetée de points violets ou pourpres. Sur le labelle renflé, relativement petit, les taches sont minuscules, tandis que les pétales et les sépales ovoïdes sont un peu plus grands.

Période de floraison L'été.

Température/lumière/humidité ambiante Atmosphère fraîche. Les températures oscillent entre 16 et 22 °C. L'emplacement doit être ombragé, l'humidité ambiante normale avec une bonne aération.

Culture/entretien En pot de petite taille, profond, avec un substrat constitué d'écorces ou d'osmonde et de perlite, ou encore de sphaigne et de charbon de bois. Arrosez régulièrement et faites de rares apports d'engrais. Le substrat doit toujours rester humide, mais jamais détrempé. Pour éliminer le sel qui se dépose, il faut que l'eau puisse s'évacuer dans une soucoupe, sous la plante. Toutefois, celle-ci ne doit pas avoir les « pieds mouillés », car elle risquerait de pourrir en son centre. Attendez la fin de la floraison pour rempoter. Lors d'une division, l'orchidée doit toujours garder trois pousses.

INFO

C'est une plante pour débutants. Ce sabot de Vénus est sensible, comme les autres orchidées de son espèce, à l'excès d'eau. Il existe de nombreux hybrides, très esthétiques.

Paphiopedilum insigne

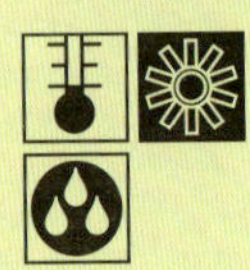

Famille/sous-famille *Cypripediaceae/Cypripediodeae.*

Genre *Paphiopedilum.*

Origine/propagation Népal, Inde ; croissance terrestre.

Développement Cette orchidée très aimée et simple d'entretien possède de longues feuilles vert clair, étroites et coriaces, surgissant de son rhizome souterrain qui descend à de grandes profondeurs. La fleur extrêmement brillante de 10 à 12,5 cm est souvent seule sur sa tige florale, longue d'environ 30 cm.

Période de floraison Toute l'année.

Température/lumière/humidité ambiante Atmosphère fraîche. La plante préfère les températures comprises entre 10 et 22 °C, les emplacements ombragés et une humidité ambiante normale avec une bonne aération.

Culture/entretien En pot de petite taille, avec un substrat constitué d'écorces, d'osmonde et de perlite ou de sphaigne et de charbon de bois. Arrosez régulièrement et faites de rares apports d'engrais. Le substrat doit toujours rester humide, mais pas détrempé. L'eau d'arrosage doit pouvoir être évacuée dans une soucoupe sous l'orchidée, ce qui lui permet de se débarrasser du sel. Ne rempotez qu'après la première floraison. Au moment de diviser la plante, il faut toujours laisser trois pousses.

Particularités

Cette orchidée se prête admirablement à la composition de bouquets, car, en tant que fleur coupée, elle peut survivre plusieurs semaines voire plusieurs mois. Il y a quelques années, elle était cultivée spécialement dans ce but.

INFO

Il s'agit d'une plante pour débutants. Paphiopedilum insigne *est l'une des fleurs les plus aimées de son espèce. De nombreux hybrides ont été créés à partir de la variété Harefield Hall*

PHAIUS TANKERVILLEAE

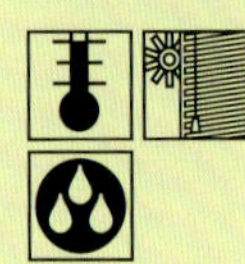

Famille/sous-famille *Orchidaceae/Epidendroideae.*

Tribu/sous-tribu *Arethuseae/Bletiinae.*

Genre *Phaius.*

Origine/propagation Chine, Australie ; croissance terrestre.

Développement Les pseudobulbes d'une taille de 2,5 à 7 cm, de forme ovoïde, donnent des feuilles de 30 à 100 cm, repliées sur leur longueur, et des tiges florales de 90 cm de long. La hampe florale porte 10 à 15 fleurs individuelles d'une taille de 12,5 cm environ. Les sépales et les pétales blancs à l'extérieur, pointus, longs et lancéolés, ont un intérieur coloré de jaune et de pourpre tirant parfois sur le brun. Le labelle, en forme de trompette et à l'extrémité pointue, a une gorge jaune bordée de pourpre. L'avant du labelle est également pourpre à l'extérieur.

Période de floraison L'hiver et le printemps.

Période de repos Après la floraison.

Température/lumière/humidité ambiante Atmosphère chaude. Les températures diurnes idéales oscillent entre 27 et 32 °C et les températures nocturnes entre 18 et 21 °C. L'emplacement doit être clair mais sans ensoleillement direct, l'humidité ambiante normale avec une bonne aération.

Culture/entretien En pot avec un substrat constitué de fumier de vache ensilé, de terre argileuse et d'osmonde, ou de tourbe avec des pierres posées à la base pour servir au drainage. Arrosez régulièrement et suffisamment, faites des apports d'engrais mesurés. Une pause avec assèchement du substrat encourage la floraison. Tous les deux ou trois ans après la floraison, la plante peut être divisée ou rempotée. Au cours de la division, il faut néanmoins laisser trois bulbes anciens par plante, car ceux-ci fournissent les nutriments.

INFO

Une plante pour débutants.

Phalaenopsis amabilis

Famille/sous-famille *Orchidaceae/Vandoideae.*

Tribu/sous-tribu *Vandeae/Sarcanthinae.*

Genre *Phalaenopsis* (phalaenopsis d'Aphrodite).

Origine/propagation Indonésie, nord de l'Australie ; croissance épiphyte.

Développement Cette orchidée monopodiale porte 3 à 5 feuilles. Coriaces, elles sont teintées d'un vert foncé et mesurent 10 à 45 cm. Les hampes florales arquées portent 10 à 15 fleurs parfumées à vie longue, de 7,5 à 13 cm, qui s'ouvrent lentement les unes après les autres. Les sépales ronds, d'un blanc pur comme les pétales qui sont un peu plus allongés, entourent un labelle petit et pointu dont les bords sont jaune doré et parsemés de petits points rouges.

Période de floraison L'automne et le début de l'hiver.

Période de repos Après la floraison.

Température/lumière/humidité ambiante Atmosphère chaude. Les températures diurnes oscillent entre 24 et 29 °C et les températures nocturnes entre 18 et 21 °C. L'emplacement doit être ombragé, même si l'orchidée supporte très bien le soleil du matin. L'humidité ambiante est normale. Vaporisez toujours lorsque la lumière est forte.

Culture/entretien En pot de petite taille avec un substrat constitué d'écorces de pin de taille moyenne. Arrosez régulièrement. Le substrat doit toujours rester humide. Faites des apports d'engrais modé-

rés. Une pause sèche et fraîche est nécessaire en automne, en même temps qu'une lumière accrue. Rempotez tous les deux ou trois ans après la floraison. Par la suite, raréfiez les arrosages jusqu'à ce que les racines se soient remises du choc.

Particularités Cette espèce est la mère de toutes les *Phalaenopsis* modernes blanches.

INFO

Il s'agit d'une plante pour débutants. Si cette orchidée est amenée à fleurir sans interruption, il faut veiller à ce qu'elle développe au moins 2 nouvelles feuilles par an. Si ce n'est pas le cas, il faut couper les fleurs – qui tiennent bien dans l'eau d'un vase – pour protéger la plante. Placez temporairement le pot dans un endroit frais et plus sombre. Dès que les feuilles sont visibles, la plante peut regagner sa place habituelle.

Phalaenopsis cornu-cervi

PHALAENOPSIS CORNE DE CERF

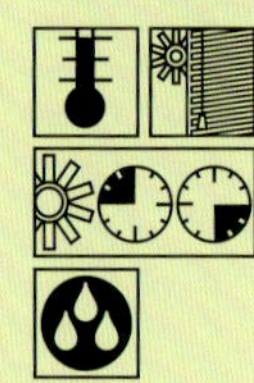

Famille/sous-famille *Orchidaceae/Vandoideae.*

Tribu/sous-tribu *Vandeae/Sarcanthinae.*

Genre *Phalaenopsis* (phalaenopsis d'Aphrodite).

Origine/propagation Thaïlande, Birmanie, Java ; croissance épiphyte.

Développement Cette plante à croissance monopodiale développe 3 à 5 feuilles coriaces d'environ 20 cm de long, de couleur jaune-vert. Dans l'axe des feuilles pointent 10 à 12 fleurs d'aspect cireux, de 2,5 à 5 cm, dont 3 à 5 s'ouvrent en même temps. Les sépales larges et lancéolés et les pétales un peu plus étroits sont de couleur jaune-vert et portent des taches marron clair ; elles sont disposées en étoile autour du labelle étroit, blanc, dont le lobe avant s'élargit et semble retroussé vers le haut.

Période de floraison
Toute l'année.

Période de repos
Après la floraison.

Température/lumière/humidité ambiante Atmosphère chaude. Les températures idéales oscillent entre 24 et 29 °C le jour, et entre 17 et 20 °C la nuit. L'emplacement doit être ombragé, même si la plante supporte le soleil du matin et du soir, l'humidité ambiante normale, aération normale. Vaporisez la plante les jours où il y a beaucoup de lumière.

Culture/entretien En pot de petite taille avec un substrat constitué d'écorces de pin de taille moyenne à fine. Arrosez régulièrement pour que le substrat reste humide, et faites des apports modérés d'engrais. Évitez absolument le détrempage du substrat. Accordez davantage de lumière à la plante en automne. Une pause fraîche et sèche encourage la floraison. Rempotez tous les deux ou trois ans après la floraison puis arrosez avec parcimonie, jusqu'à ce que les racines se soient de nouveau développées complètement.

INFO

Cette plante peu compliquée est réservée aux débutants. Comme l'indique son succès commercial, cette espèce est tout à fait adaptée à la culture sur rebord de fenêtre. Elle y est d'ailleurs souvent mieux qu'en serre, où l'atmosphère est trop froide ou trop humide pour elle.

PHALAENOPSIS EQUESTRIS

Famille/sous-famille *Orchidaceae/Vandoideae.*

Tribu/sous-tribu *Vandeae/Sarcanthinae.*

Genre *Phalaenopsis* (phalaenopsis d'Aphrodite).

Origine/propagation naturelle Philippines ; croissance épiphyte.

Développement Cette orchidée à croissance monopodiale développe 3 à 5 feuilles charnues d'un vert lumineux, longues de 15 à 20 cm, avec une extrémité recourbée. Sur les tiges florales verticales apparaissent des fleurs d'environ 2,5 cm, qui s'ouvrent de bas en haut, les unes après les autres. Les sépales et les pétales ovales roses à pourpres sont entourés d'un bord étroit un peu plus clair. Le labelle trilobé présente des sépales latéraux blancs, un sépale central brun et un lobe avant pointu, légèrement retroussé vers le haut, couleur magenta.

Période de floraison Toute l'année.

Période de repos L'automne.

Température/lumière/humidité ambiante Atmosphère chaude. Les températures idéales oscillent entre 24 et 29 °C le jour et entre 17 et 20 °C la nuit. L'emplacement est légèrement ombragé, bien que l'orchidée supporte bien le soleil du matin. L'humidité ambiante est normale. Vaporisez toujours lorsque la lumière est forte.

Culture/entretien En pot de petite taille avec un substrat à base d'écorces de pin de taille moyenne, ou de sphaigne et de perlite, ou encore de charbon de bois. Arrosez régulièrement pour que le sub-

strat reste humide, et faites des apports modérés d'engrais. Évitez de noyer le substrat. Une pause fraîche et sèche ainsi qu'un surcroît de lumière en automne stimulent la floraison. Rempotez tous les deux ou trois ans après la floraison, puis arrosez parcimonieusement jusqu'à ce que les racines se soient de nouveau développées complètement.

INFO

Une plante pour débutants. La multiplication industrielle des variantes de cette espèce permet de rencontrer cette plante à tous les coins de rue ou presque. Très souvent, elle est plus économique que bien des fleurs en bouquet.

Phalaenopsis stuartiana

Famille/sous-famille *Orchidaceae/Vandoideae.*

Tribu/sous-tribu *Vandeae/Sarcanthinae.*

Genre *Phalaenopsis* (phalaenopsis d'Aphrodite).

Origine/propagation Philippines ; croissance généralement épiphyte.

Développement Cette plante monopodiale développe tous les ans 3 à 5 feuilles ovales, longues de 30 à 45 cm et repliées sur elles-mêmes dont la face externe est bleu-vert et la face interne magenta. Sur les tiges florales arquées apparaissent de nombreuses fleurs d'environ 7,5 cm qui s'ouvrent les unes après les autres, de bas en haut. Les sépales ovales et les pétales un peu plus longs sont blancs. Les sépales latéraux sont tachetés de jaune à l'extérieur, et de rouge-violet à l'intérieur. Le labelle trilobé, jaune soufre à la base, est renflé au milieu et sur le devant. Son extrémité se divise en deux pointes écartées. Les sépales latéraux sont tachetés de rouge-violet jusqu'à la pointe et sur les bords extérieurs.

Période de floraison Début de l'année.

Période de repos L'automne.

Température/lumière/humidité ambiante Atmosphère chaude. Les températures diurnes oscillent entre 24 et 29 °C et les températures nocturnes entre 17 et 20 °C. L'emplacement doit être ombragé, même si la plante supporte bien le soleil du matin. L'humidité ambiante est normale. Vaporisez toujours lorsqu'il y a beaucoup de lumière.

Culture/entretien En pot de petite taille, avec un substrat constitué de fines écorces de pin. Arrosez régulièrement pour que le substrat reste humide et faites des apports modérés d'engrais. Une pause sèche et fraîche stimulera la floraison, ainsi qu'un surcroît de lumière en automne. Rempotez tous les deux à trois ans après la floraison puis arrosez parcimonieusement jusqu'à ce que les racines se soient de nouveau développées.

INFO

Une plante pour débutants. Il existe également de très nombreux hybrides de cette orchidée, car la Phalaenopsis *se reproduit facilement.*

Phragmipedium caudatum

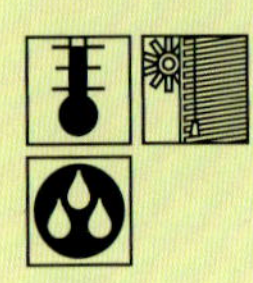

Famille/sous-famille *Cypripediaceae/Cypripedoideae.*

Genre *Phragmipedium.*

Origine/propagation Sud du Mexique, Pérou ; croissance terrestre.

Développement Les 5 à 7 feuilles érigées, coriaces et rigides de cette orchidée atteignent parfois une longueur de 75 cm et leur vert intense est absolument lumineux. Sur la tige florale qui peut atteindre 60 cm poussent 3 à 6 grandes fleurs individuelles. Les sépales lancéolés de couleur jaune sont veinés de vert. Les pétales jaune-brun s'allongent jusqu'à 90 cm et pendent par-dessus le grand labelle en forme de pantoufle, dont l'intérieur est blanc tacheté de rose. À l'extérieur, sa teinte verte tire petit à petit sur le brun-pourpre.

Période de floraison Le début de l'année et l'été.

Période de repos Après la floraison.

Température/lumière/humidité ambiante Atmosphère chaude. Les températures diurnes oscillent entre 27 et 29 °C et les températures nocturnes entre 13 et 16 °C. L'emplacement doit être clair mais sans ensoleillement direct, l'humidité ambiante normale avec une bonne aération.

Culture/entretien En pot profond, avec un substrat constitué d'osmonde, de sphaigne ou d'écorces finement pilées et de perlite. Arrosez régulièrement et abondamment. Pendant la phase de croissance, faites des apports d'engrais tous les quinze jours. Le substrat doit rester constamment humide. En hiver, réduisez les arrosages, cessez d'apporter de l'engrais et placez la plante dans un endroit clair. En été, mettez-la dans un endroit légèrement ombragé. Rempotez tous les deux à trois ans après la floraison. Ensuite, laissez sécher le substrat jusqu'à ce que la nouvelle croissance commence.

Particularités Dans son environnement naturel, cette espèce se développe énormément et donne beaucoup de fleurs.

INFO

Il s'agit d'une plante pour débutants. Si elle se sent bien dans son habitat, elle assurera une floraison très longue. Par ailleurs, les fleurs restent belles pendant plusieurs semaines dans un vase.

PHRAGMIPEDIUM PEARCEI

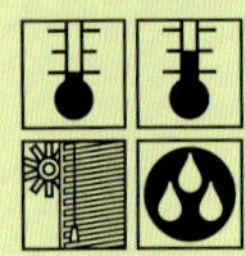

Famille/sous-famille *Cypripediaceae/Cypripedoideae.*

Genre *Phragmipedium.*

Origine/propagation
Équateur, Pérou ; croissance terrestre.

Développement Les feuilles coriaces et linéaires, rigides et verticales ou repliées de cette orchidée peuvent atteindre 40 cm. Leur couleur vert clair illumine l'atmosphère. La tige florale, longue d'environ 15 cm, porte à son extrémité une grande fleur unique d'environ 10 cm, à la durée de vie très longue. Les sépales latéraux, larges, sont blancs veinés de vert. La moitié avant du sépale du milieu est retournée vers l'arrière, de façon à former une sorte de « tuyau ». Ce sépale, également blanc, retombe légèrement au-dessus du grand labelle vert clair, dont l'intérieur est bordé de blanc tacheté de rouge. L'aspect le plus frappant de cette plante réside toutefois dans ses longs pétales fins, légèrement contournés, au bord rouge et ondulé.

Période de floraison Toute l'année.

Période de repos Après la floraison.

Température/lumière/humidité ambiante Atmosphère fraîche à tempérée. Les températures diurnes idéales oscillent entre 21 et 24 °C et les températures nocturnes entre 10 et 13 °C. L'emplacement doit être clair mais sans ensoleillement direct, l'humidité ambiante normale avec une bonne aération.

Culture/entretien En pot profond avec un substrat constitué d'osmonde, de sphaigne ou d'écorces finement pilées et de perlite. Arrosez régulièrement et copieusement et faites un apport d'engrais tous les quinze jours. Le substrat doit toujours rester humide ; évitez toutefois de le détremper. En été, placez la plante dans un endroit légèrement ombragé, et en hiver dans un endroit clair, si possible. Rempotez tous les ans après la floraison, dès que de nouvelles racines apparaissent. Ensuite, maintenez la plante dans un état relativement sec jusqu'à ce que la croissance reparte.

INFO

C'est une plante pour débutants ; les fleurs coupées tiennent très longtemps dans l'eau et sont du meilleur effet esthétique.

Pleione formosana

Famille/sous-famille *Orchidaceae/Epidendroideae.*

Tribu/sous-tribu *Coelogyneae/Cologyninae.*

Genre *Pleione* (orchidée du Tibet).

Origine/propagation naturelle Est de la Chine, Taiwan ; croissance terrestre.

Développement Les pseudobulbes ovoïdes d'une taille de 25 cm développent une feuille elliptique, longue de 10 à 25 cm et repliée dans le sens de la longueur, tandis que les bulbes de l'année précédente portent une tige florale pourvue de 1 ou 2 fleurs. Ces fleurs au parfum suave varient en taille et en couleurs, mais elles sont généralement roses à parme et mesurent 10 à 12 cm. Les sépales et les pétales pointus, longs et traversés par une nervure centrale, sont généralement plus clairs sur les côtés de la fleur. Le labelle très frangé, en forme de trompette, possède une gorge jaune avec un motif rouge bien dessiné, et un renflement plus clair à la base.

Période de floraison Le printemps.

Période de repos La fin de l'automne.

Température/lumière/humidité ambiante Atmosphère tempérée. Les températures diurnes oscillent idéalement entre 16 et 21 °C et les températures nocturnes entre 10 et 13 °C. L'emplacement doit être légèrement ombragé, l'humidité ambiante forte avec une bonne aération.

Culture/entretien En petit pot avec un substrat d'osmonde, de sphaigne et d'écorces pilées, avec des pierres posées au fond du pot pour le drainage. Pendant la croissance, arrosez régulièrement et abondamment ; faites un apport d'engrais modéré. À la fin de l'automne ou au début de l'hiver, lorsque les feuilles sont tombées, la plante doit observer une pause sèche et fraîche, au cours de laquelle la température peut descendre jusqu'à 5 °C. Avant que la floraison suivante ne se manifeste, vous pouvez rempoter.

Particularités Cette plante perd son feuillage ; les fleurs apparaissent au printemps avant les nouvelles feuilles.

INFO

Une plante pour débutants. Évitez l'ensoleillement direct.

PLEIONE PRAECOX

Famille/sous-famille *Orchidaceae/Epidendroideae.*

Tribu/sous-tribu *Coelogyneae/Coelogyninae.*

Genre *Pleione* (orchidée du Tibet).

Origine/propagation Nord de l'Inde, Népal, Birmanie, sud de la Chine, Thaïlande ; croissance terrestre.

Développement Les pseudobulbes compacts d'une taille de 2,5 cm, verts marbrés de pourpre ou de rouge, donnent 2 feuilles elliptiques, longues de 15 à 25 cm, ainsi qu'une hampe florale portant 1 ou 2 fleurs. Les fleurs au parfum agréable varient en taille et en couleurs. Elles sont généralement fuchsia ou blanches avec des taches parme et peuvent atteindre une taille de 7,5 cm. Les sépales pointus, dotés d'une nervure centrale, sont généralement plus clairs à leur base. Le labelle plus foncé, en forme de trompette, très frangé, porte sur sa gorge des stries jaunes. Sa partie supérieure est légèrement repliée sur elle-même. Parfois, le labelle est également blanc ou rose, avec des taches pourpres ou des stries couleur prune.

Période de floraison L'automne.

Période de repos L'hiver.

Température/lumière/humidité ambiante Atmosphère tempérée. Les températures diurnes oscillent idéalement entre 16 et 21 °C et les températures nocturnes entre 10 et 13 °C. L'emplacement doit être clair mais sans ensoleillement direct, l'humidité ambiante est forte avec une bonne aération.

Culture/entretien En pot de petite taille avec un substrat constitué d'un mélange d'osmonde, de sphaigne et d'écorces fines, avec des pierres au fond pour le drainage. Pendant la phase de croissance, arrosez régulièrement et abondamment, faites un apport d'engrais modéré. Faites observer à la plante une pause fraîche et sèche à la fin de l'automne ou au début de l'hiver. Les températures pourront alors descendre près du point de gel. Après la chute des feuilles et avant l'apparition des fleurs, vous pouvez rempoter l'orchidée.

Particularités Cette espèce perd son feuillage ; les fleurs apparaissent avant les nouvelles feuilles en automne.

INFO

Il s'agit d'une plante pour débutants.
Évitez l'ensoleillement direct.

Pleurothallis tuerkheimii

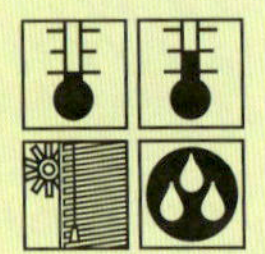

Famille/sous-famille *Orchidaceae/ Pleurothallidiniae.*

Tribu/sous-tribu *Epidendreae/ Pleurothallidiniae.*

Genre *Pleurothallis.*

Origine/propagation Est de la Chine, Taiwan ; croissance terrestre.

Développement Cette orchidée fait partie des espèces les plus petites du genre. Ses pseudobulbes d'une taille de 5 à 15 cm au maximum ont plutôt la forme de petits troncs. Des feuilles lancéolées, mesurant environ 10 cm de long, poussent à leur extrémité. Les fleurs font 1 à 2 cm et il faut pratiquement une loupe pour les voir.

Période de floraison Toute l'année.

Période de repos Après la floraison.

Température/lumière/humidité ambiante Atmosphère fraîche à tempérée. Cette orchidée aime les emplacements clairs mais sans ensoleillement direct. L'humidité ambiante doit être normale avec une bonne aération.

Culture/entretien En pot avec un substrat laissant bien passer l'eau, complété par un bon système de drainage. Arrosez régulièrement et faites des apports d'engrais modérés.

Particularités Dans les endroits où la plante se sent bien, elle est capable de fleurir de manière quasi ininterrompue. Dans ce cas, elle n'a pas besoin de la période de repos qui suit normalement la floraison.

INFO

Il s'agit d'une plante pour débutants. Sa petite taille la voue aux vivariums et aux vitrines. Cette espèce est connue pour l'originalité et la discrétion de sa floraison. Il existe des sociétés entières d'amateurs d'orchidées qui s'en occupent de manière exclusive. Peu d'hybrides de cette espèce ont donné des résultats. Elle est facile à cultiver et devient assez spectaculaire en l'espace de quelques années seulement.

Polystachya bella

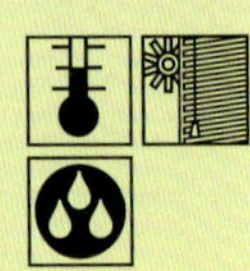

Famille/sous-famille *Orchidaceae/Vandoideae.*

Tribu/sous-tribu *Polystachyeae.*

Genre *Polystachya.*

Origine/propagation Kenya, Ouganda ; croissance épiphyte.

Développement À l'extrémité des pseudobulbes ovales et aplatis sur les côtés, dont la taille avoisine les 15 cm, poussent des feuilles elliptiques, coriaces, repliées dans le sens de la longueur, mesurant de 5 à 12,5 cm, ainsi qu'une tige florale courte (environ 10 cm) dont les fleurs individuelles pendent, accrochées à un mince pétiole. Les fleurs dont la durée de vie est longue sont de taille moyenne, de teinte jaune orangé, et elles s'ouvrent les unes après les autres de bas en haut. Les sépales et les pétales, pointus, sont plus clairs à leur extrémité et ne s'ouvrent qu'à demi. C'est alors seulement qu'apparaît le labelle, blanc à la base et replié vers le haut. La fleur est couverte d'un duvet à l'extérieur.

Période de floraison L'hiver.

Période de repos La fin de l'automne.

Température/lumière/humidité ambiante Atmosphère tempérée. Les températures diurnes oscillent idéalement entre 18 et 22 °C et les températures nocturnes entre 13 et 16 °C. L'emplacement doit être clair mais sans ensoleillement direct, l'humidité ambiante normale.

Culture/entretien Tuteurée sur un morceau de liège ou d'écorce garni de sphaigne pour entourer les racines. Pendant la phase de croissance, arrosez régulièrement et abondamment, faites un apport d'engrais modéré et vaporisez plusieurs fois par jour au cours de la saison chaude. Ensuite, cessez les arrosages et les apports d'engrais. Une pause fraîche et sèche à la fin de l'automne ou au printemps sera bénéfique à la plante. Veillez toutefois à ne pas laisser sécher complètement le substrat. Lorsque les feuilles seront tombées et avant l'apparition de la floraison, il est possible de rempoter l'orchidée. En été, la plante peut également être divisée. Attention à ne jamais détremper le substrat.

INFO

Une plante pour débutants. Il n'existe pas d'hybride de cette espèce.

Promenaea xanthina

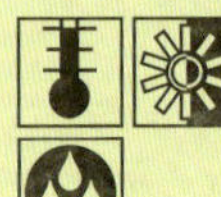

Famille/sous-famille *Orchidaceae/Vandoideae.*

Tribu/sous-tribu *Maxillarieae/Zygopetalinae.*

Genre *Promenaea.*

Origine/propagation Brésil ; croissance épiphyte.

Développement Les pseudobulbes d'une taille de 2,5 cm environ se présentent en grappes. Ovales et aplatis sur les côtés, ils donnent naissance à 2 feuilles pointues, lancéolées ou allongées, d'environ 7,5 cm. Les tiges florales courtes, partant du sol, portent 1 à 2 fleurs parfumées d'une couleur jaune doré, dont la vie est longue. Les sépales et les pétales forment un heaume pas tout à fait fermé au-dessus du labelle allongé et cintré, qui s'élargit vers son extrémité. On aperçoit de petits points rouges ou rouge-brun sur la partie avant.

Période de floraison L'été.

Période de repos
Après la floraison.

Température/lumière/humidité ambiante Atmosphère chaude. Idéalement, les températures diurnes oscillent entre 21 et 29 °C et les températures nocturnes entre 16 et 18 °C. L'emplacement doit être légèrement ombragé, l'humidité ambiante normale avec une bonne aération.

Culture/entretien Dans une corbeille plate, garnie d'un substrat laissant bien passer l'eau, constitué de sphaigne, de fines écorces de pin et d'osmonde. Pendant la phase de croissance, arrosez régulièrement en prenant garde de ne pas mouiller les pousses, qui sont très sensibles et peuvent pourrir facilement. Faites des apports d'engrais modérés. Lorsque les pousses ont fini de grandir, vous pouvez faire observer à la plante une pause fraîche et sèche, sans aucun apport d'engrais. En été, elle peut occuper une place ombragée dans le jardin, ou au moins protégée du soleil du midi. Veillez à ce qu'elle soit bien aérée car les racines doivent pouvoir sécher entre les arrosages.

Particularités Cette orchidée peut devenir très grande et particulièrement spectaculaire.

INFO

Il s'agit d'une plante pour débutants. Sur sa terre natale, elle n'existe plus. Elle a été implantée ailleurs, où elle survit à l'état sauvage avec succès.

Renanthera imschootiana

Famille/sous-famille *Orchidaceae/Vandoideae.*

Tribu/sous-tribu *Vandeae/Sarcanthinae.*

Genre *Renanthera.*

Origine/propagation Nord-Est de l'Inde, Birmanie, Vietnam ; croissance épiphyte ou terrestre.

Développement À l'extrémité des petits troncs verticaux de cette plante monopodiale poussent de nombreuses feuilles alternées et coriaces, longues d'environ 10 cm. Dans l'axe des feuilles apparaissent de nombreux boutons floraux rouges. Le sépale du milieu et les pétales de chaque fleur, d'une taille de 4 cm environ, sont très étroits, tournés vers le haut.

Période de floraison La fin du printemps et le début de l'été.

Température/lumière/humidité ambiante Atmosphère tempérée. Idéalement, les températures oscillent entre 13 et 24 °C. La plante peut être placée en plein soleil, l'humidité ambiante doit être forte avec une bonne aération.

Culture/entretien En pot de taille moyenne, avec un substrat laissant bien passer l'eau, complété par un bon système de drainage constitué d'écorces grossièrement pilées. Arrosez régulièrement toute l'année et faites des apports d'engrais modérés. En été, protégez la plante du soleil à midi. Ne rempotez que lorsque le substrat est épuisé.

Particularités Cette orchidée peut acquérir une taille assez imposante et elle est très résistante. Lorsqu'elle dépasse 1,5 m, elle peut être cultivée en serre.

INFO

Il s'agit d'une plante pour débutants. Il existe de nombreux hybrides très beaux de l'espèce Vanda. *Les boutons floraux aux couleurs vives servent souvent d'offrandes dans les temples en Asie du Sud-Est. Ils sont très appréciés en bouquets.*

Rhyncholaelia digbyana

Famille/sous-famille *Orchidaceae/Epidendroideae.*

Tribu/sous-tribu *Epidendreae/Laeliinae.*

Genre *Rhyncholaelia.*

Origine/propagation Honduras, Guatemala, Mexique ; croissance épiphyte.

Synonymes
Brassavola digbyana, Bletia digbyana.

Développement La feuille rigide, elliptique, longue d'environ 20 cm, provient d'un pseudobulbe très compact d'une taille de 15 cm. Les tiges florales surgissent dans l'axe des feuilles et chacune d'entre elles porte une grande fleur soyeuse, très brillante, d'une teinte blanc-vert. Les sépales et les pétales blanc-vert, relativement minces, ont des reflets lavande et une partie centrale plus claire ; les côtés des sépales et des pétales sont incurvés vers l'extérieur. Le labelle blanchâtre arbore la forme d'un cœur. Il peut avoir jusqu'à 10 cm de large et se termine par un épais renflement qui possède également une gorge. Le bord du labelle est très fibreux au toucher.

Période de floraison Le début de l'année et l'été.

Période de repos L'hiver.

Température/lumière/humidité ambiante Atmosphère tempérée. Les températures idéales oscillent entre 18 et 24 °C le jour et entre 13 et 16 °C la nuit. L'emplacement doit être semi-ombragé avec ensoleillement matin et après-midi, l'humidité ambiante ne doit pas descendre en dessous de 60 %, et la plante doit être suffisamment aérée.

Culture/entretien En pot de taille moyenne avec un substrat constitué d'écorces grossièrement pilées ou de fibres de bois ou de liège. Pendant la phase de croissance, arrosez régulièrement et abondamment et faites des apports d'engrais modérés. Ensuite, reprenez lentement les arrosages, sans ajouter d'engrais. En été, vaporisez fréquemment.

Particularités Cette orchidée a besoin de beaucoup de lumière. La plante doit rester exposée au soleil direct, sans quoi elle s'étiole.

INFO

Il s'agit d'une plante pour débutants avertis. Elle est très recherchée. Il en existe de nombreux hybrides, très esthétiques.

Rhyncholaelia glauca

Famille/sous-famille *Orchidaceae/Epidendroideae.*

Tribu/sous-tribu *Epidendreae.*

Genre *Rhyncholaelia.*

Origine/propagation Mexique, Guatemala, Honduras.

Synonymes *Brassavola glauca, Bletia glauca, Laelia glauca.*

Développement Les pseudobulbes d'une taille de 15 cm, aplatis sur les côtés, donnent des fleurs rigides et elliptiques, d'environ 20 cm. Les tiges florales apparaissent dans leur aisselle et portent chacune une fleur d'environ 12 cm, brillante et soyeuse, au parfum agréable, d'une couleur blanc-vert. Les pétales, minces, sont légèrement incurvés vers le bas à leur extrémité. Le labelle blanchâtre, trilobé, est doté de sépales latéraux remontant vers le haut et formant une sorte de gorge, ainsi que d'un lobe avant incurvé, creusé en son centre au niveau de l'extrémité.

Période de floraison Le printemps.

Période de repos Après la floraison.

Température/lumière/humidité ambiante Atmosphère tempérée. L'emplacement doit être très clair avec ensoleillement direct, l'humidité ambiante forte avec une bonne aération.

Culture/entretien Dans une petite corbeille garnie d'un substrat à base d'osmonde, de sphaigne et d'écorces fines, avec beaucoup de pierres dans le fond pour le drainage. Pendant la phase de croissance, arrosez régulièrement et abondamment et faites un apport d'engrais toutes les deux à trois semaines. Ensuite, espacez les arrosages et laissez le substrat sécher complètement de temps en temps. La plante peut être installée à l'extérieur, dans un lieu abrité du soleil de midi.

Particularités Cette orchidée a besoin de beaucoup de lumière. En été, placez-la dans un endroit légèrement ombragé pour que les feuilles ne brûlent pas au soleil.

INFO

Il s'agit d'une plante pour débutants avertis. Si elle n'a pas assez de lumière, les fleurs tombent.

RHYNCHOSTYLIS GIGANTEA

Famille/sous-famille *Orchidaceae/Vandoideae.*

Tribu/sous-tribu *Vandeae/Sarcanthinae.*

Genre *Rhynchostylis.*

Origine/propagation Thaïlande, Birmanie, Laos ; croissance épiphyte.

Développement Les feuilles longues d'environ 30 cm se chevauchent au niveau du sol et recouvrent entièrement le tronc, qui mesure au moins 15 cm. Dans l'aisselle des feuilles naissent les nombreuses tiges florales recourbées, dont la longueur peut atteindre 37 cm. Celles-ci portent des boutons floraux capables de pousser aussi bien vers le haut que vers le bas. Les fleurs au parfum envoûtant et aux longs pétioles mesurent environ 2,5 cm. Les sépales et les pétales légèrement ovales possèdent une lumineuse teinte magenta, et sont blancs à la base. Le labelle trilobé, à l'extrémité pointue, est blanc avec des taches et un bord magenta.

Période de floraison L'automne et le début de l'hiver.

Température/lumière/humidité ambiante Atmosphère chaude. Les températures doivent osciller entre 21 et 29 °C le jour et entre 16 et 18 °C la nuit. L'emplacement doit être clair, mais la plante ne doit pas être au soleil en permanence, tout particulièrement l'été à midi. À cette heure, elle préfère un emplacement semi-ombragé. L'humidité ambiante sera forte avec une bonne aération.

Culture/entretien Dans une corbeille posée ou suspendue (ce qui lui convient encore mieux), avec un substrat constitué d'un mélange d'écorces grossières, de fibres de bois et de morceaux de poterie en terre. Arrosez régulièrement toute l'année et faites des apports d'engrais modérés. Vaporisez fréquemment.

Particularités Cette orchidée supportant mal d'être rempotée, vous pouvez à la place déposer la première corbeille dans une corbeille plus grande, et remplir les interstices à l'aide de nouveau substrat. Ainsi, la plante peut continuer à croître sans dommage.

INFO

Il s'agit d'une plante pour débutants avertis. Elle préférera la serre au rebord de la fenêtre.

Rossioglossum grande

Famille/sous-famille *Orchidaceae/Vandoideae.*

Tribu/sous-tribu *Cymbidieae/Oncidiinae.*

Genre *Rossioglossum.*

Origine/propagation Mexique, Guatemala ; croissance épiphyte.

Synonyme *Odontoglossum grande.*

Développement Les pseudobulbes d'une taille de 5 cm, ovoïdes et aplatis, donnent 1 à 3 feuilles coriaces, érigées et lancéolées d'environ 40 cm de long, ainsi qu'une tige florale de près de 30 cm portant des fleurs jaunes de 10 cm. Les sépales longs et étroits sont de couleur châtaigne, avec des stries jaunes à jaune-vert. Les pétales, beaucoup plus larges, sont bicolores. Sur la base ils arborent la même nuance châtaigne, et à l'avant une teinte jaune doré. Le labelle blanc ou crème, grand et large, est décoré de taches marron. Toutes les feuilles de la fleur ont un bord légèrement ondulé.

Période de floraison L'automne et l'hiver.

Période de repos Le printemps.

Température/lumière/humidité ambiante Atmosphère fraîche. Les températures diurnes oscillent entre 16 et 21 °C et les températures nocturnes entre 10 et 13 °C. L'emplacement doit être clair, mais il faut soigneusement doser l'ensoleillement direct. L'humidité ambiante doit être forte, jamais inférieure à 70 %, avec une bonne aération.

Culture/entretien En petit pot, avec un substrat d'écorces ou de fibres de bois et de perlite. Arrosez régulièrement et faites des apports d'engrais modérés. Veillez à ne pas détremper le substrat, car les racines sont très sensibles. Vaporisez fréquemment, car l'humidité ambiante est essentielle pour la bonne santé de la plante.

Particularités Cette orchidée réagit vivement à l'excès d'eau. Elle a besoin d'un environnement humide et bien aéré.

INFO

Il s'agit d'une plante pour amateurs avertis. Il n'est pratiquement possible de la cultiver que dans une serre froide. Les hybrides de cette espèce et d'autres espèces proches peuvent toutefois s'épanouir sur le rebord d'une fenêtre, car ils sont souvent croisés avec des espèces moins sensibles.

SARCOCHILUS HARTMANNII

Famille/sous-famille *Orchidaceae/Vandoideae.*

Tribu/sous-tribu *Vandeae/Sarchanthinae.*

Genre *Sarcochilus.*

Origine/propagation Est de l'Australie ; croissance épiphyte.

Développement Cette orchidée est monopodiale. Sur les petits troncs, longs d'environ 10 cm, se développent 6 à 8 feuilles coriaces, rigides mais recourbées, d'environ 15 cm. Dans leur axe pousse des tiges florales presque aussi longues, érigées à la verticale. Elles portent jusqu'à 15 fleurs d'environ 1,2 cm. La fleur est blanche avec un cœur tacheté de rouge, des pétales et des sépales arrondis. Le labelle, à peine plus grand et également arrondi, est tacheté de jaune.

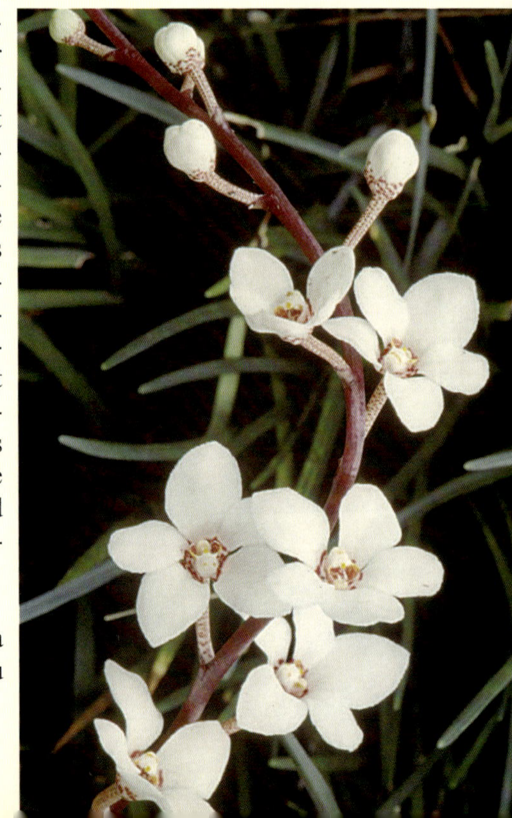

Période de floraison La fin de l'hiver et le début du printemps.

Température/lumière/humidité ambiante Atmosphère tempérée. Idéalement, les températures diurnes oscillent entre 18 et 24 °C et les températures nocturnes entre 13 et 16 °C. L'emplacement doit être semi-ombragé mais clair en hiver, l'humidité ambiante forte avec une excellente aération.

Culture/entretien En pot de petite taille avec un substrat constitué d'écorces finement pilées, ou attachée sur un plateau en liège avec de la sphaigne autour des racines. Pendant la phase de croissance, arrosez régulièrement et abondamment, faites des apports modérés d'engrais. Ensuite, espacez les arrosages et les apports d'engrais.

Particularités À partir de la plante-mère on voit toujours se former de nouveaux sujets qui constituent une touffe en un laps de temps relativement court. Cela rend la floraison très spectaculaire.

INFO

Il s'agit d'une plante pour amateurs avertis. En raison de ses exigences de température et d'humidité ambiante, cette plante s'épanouit en serre ou dans un vivarium. Il n'existe qu'un hybride de Sarcochilus hartmannii*, et seules quelques espèces de cette orchidée sont cultivées en Europe.*

Sobralia macrantha

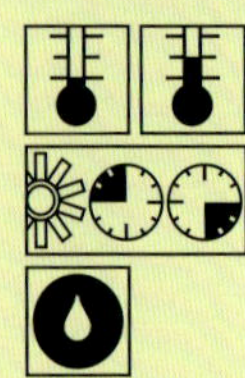

Famille/sous-famille *Orchidaceae/Epidendroideae.*

Tribu/sous-tribu *Arethuseae/Sobraliinae.*

Genre *Sobralia.*

Origine/propagation Mexique, Guatemala, Costa Rica ; croissance terrestre jusqu'à une altitude de 3 400 m.

Développement Cette orchidée à la croissance spectaculaire peut prendre des proportions impressionnantes. Les troncs tubulaires forment des touffes et peuvent atteindre 210 cm de hauteur. Les feuilles de 15 à 25 cm, coriaces, lancéolées et clairement veinées sont réparties sur l'ensemble des troncs, à la manière du bambou. Aux extrémités apparaissent des fleurs roses ou pourpres pouvant mesurer jusqu'à 22,5 cm qui s'ouvrent les unes après les autres. Les petits sépales, étroits et repliés, et les pétales, un peu plus grands et ondulés, contrastent avec le très grand labelle en forme d'entonnoir, ondulé et frangé, présentant une gorge très blanche et un centre jaune.

Période de floraison Le printemps et l'été.

Température/lumière/humidité ambiante Atmosphère fraîche à tempérée. Les températures diurnes idéales oscillent entre 18 et 24 °C et les températures nocturnes entre 12 et 16 °C. L'emplacement doit être semi-ombragé ou clair mais sans ensoleillement direct à midi, l'humidité ambiante normale avec une bonne aération.

Culture/entretien En très grand pot, avec un substrat laissant passer l'eau, complété par un bon système de drainage de terre argileuse, de

bouse de vache réduite en poudre, d'osmonde et de feuilles de bouleau. Pendant la phase de croissance, arrosez régulièrement et faites un apport d'engrais tous les quinze jours. Ensuite, espacez les arrosages jusqu'à l'apparition des nouvelles pousses. Cette orchidée peut rester à l'extérieur, dans un lieu adéquat. Pour bien se développer, elle a besoin de beaucoup de lumière.

Particularités Les fleurs sont très belles mais ne vivent qu'une journée. Néanmoins, comme il s'en forme toujours de nouvelles, la floraison peut durer plusieurs semaines.

INFO

Il s'agit d'une plante pour débutants. Ils doivent posséder une place suffisante dans leur jardin d'hiver.

Sophronitella violacea

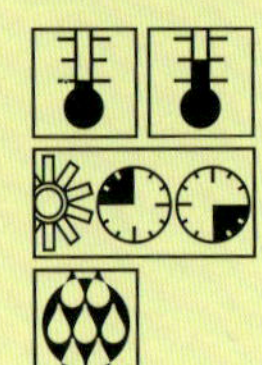

Famille/sous-famille *Orchidaceae/Epidendroideae.*

Tribu/sous-tribu *Epidendreae/Laeliinae.*

Genre *Sophronitella.*

Origine/propagation Brésil ; croissance épiphyte.

Développement Cette orchidée à petit développement provient de pseudobulbes d'une taille de 3 à 5 cm, ovales et aplatis sur les côtés, qui donnent chacun 2 à 3 feuilles lancéolées d'environ 8 cm ainsi que de courts boutons floraux au pétiole épais. Comparées à la plante, les fleurs sont très grandes. Elles arborent une teinte magenta très soutenue. Les sépales et les pétales sont longs et pointus ; le labelle trilobé se termine par une partie avant plus large et une extrémité plus effilée. Les fleurs ont une base blanche.

Période de floraison L'hiver.

Température/lumière/humidité ambiante Atmosphère fraîche à tempérée. La différence entre les températures diurnes et nocturnes doit être la plus marquée possible, avec une moyenne basse entre 12 et 15 °C. L'emplacement doit être très clair avec ensoleillement direct le matin et l'après-midi, l'humidité ambiante forte avec une bonne aération.

Culture/entretien En pot de petite taille avec un substrat laissant bien passer l'eau, ou tuteurée sur une planchette. Arrosez régulièrement et, pendant la phase de croissance, faites un apport d'engrais à faible concentration tous les trois semaines. Veillez à ne pas détremper l'orchidée. En effet, ses racines sont très sensibles et pourrissent facilement. Cette plante peut rester facilement dehors en été, mais elle doit être protégée du soleil vers midi. Par temps chaud, n'oubliez pas de la vaporiser souvent.

Particularités Pour que la floraison soit abondante, il est important de maintenir un bon écart de températures entre le jour et la nuit.

INFO

Il s'agit d'une plante pour amateurs avertis. Sophronitella violacea *est adaptée au vivarium, mais elle se sent également bien en serre.*

Sophronitis coccinea

Famille/sous-famille *Orchidaceae/Epidendroideae.*

Tribu/sous-tribu *Epidendrae/Laeliinae.*

Genre *Sophronitis.*

Origine/propagation Brésil ; croissance épiphyte.

Synonymes *Cattleya coccinea, Cattleya grandiflora, Eunannos coccinea, Sophronitis grandiflora, Sophronitis lowii, Sophronitis militaris, Sophronitis rossiteriana.*

Développement Cette orchidée à faible développement arbore de nombreuses feuilles longues de 3 à 5 cm, ovales et lancéolées, et de courtes tiges florales. Les fleurs de 4 cm, grandes comparées à la plante, sont rouges ou orange vif. Dès l'apparition des pousses, on peut voir si c'est une feuille ou une fleur qui se développe. Les pousses florales sont arrondies et épaisses, tandis que les futures feuilles sont plates et minces.

Période de floraison L'hiver.

Période de repos Après la floraison.

Température/lumière/humidité ambiante Atmosphère fraîche à tempérée. Cette orchidée peut supporter brièvement jusqu'à 30 °C. L'emplacement doit être très clair avec ensoleillement direct le matin et l'après-midi, l'humidité ambiante forte avec une bonne aération.

Culture/entretien En pot avec un substrat constitué d'osmonde, de sphaigne et d'écorces finement pilées, avec, dans le fond du récipient,

de nombreuses pierres, écorces ou fibres de bois servant au drainage. Arrosez régulièrement et abondamment, faites des apports d'engrais modérés. Une pause fraîche et presque sèche assure une bonne floraison. En été, vaporisez souvent.

Particularités Si la plante reçoit suffisamment de lumière, ses feuilles se teintent de rouge.

INFO

Il s'agit d'une plante pour amateurs avertis. Il n'est pas rare que cette orchidée ait besoin de deux années entières pour s'habituer à un nouvel emplacement. Pendant tout ce temps, elle ne fleurira pas. Sophronitis coccinea *accepte facilement les croisements avec les cattleyas. Leur hybride s'appelle* Sophrocattleya.

STANHOPEA GRAVEOLENS

Famille/sous-famille *Orchidaceae/Vandoideae.*

Tribu/sous-tribu *Cymbidieae/Stanhopeinae.*

Genre *Stanhopea.*

Origine/propagation Amérique centrale ; croissance épiphyte et parfois terrestre.

Synonymes *Stanhopea aurata, Stanhopea venusta, Stanhopea wardii* var. *froebeliana, Stanhopea warii* var. *venusta.*

Développement Les pseudobulbes compacts et charnus donnent une seule grande feuille vert foncé. Lorsqu'il dispose de conditions favorables, le bulbe développe un réseau de racines aériennes. Les hampes florales solides, de couleur claire, percent le substrat vers le bas et portent 5 à 10 fleurs compactes à long pétiole, aux formes étonnantes. Leur parfum est particulièrement agréable, mais elles ne vivent malheureusement que quelques jours. Les sépales jaunes sont très écartés et lancéolés, pointus à leur extrémité, plus ou moins spiralés ou relevés vers le haut. De même, le labelle possède des lobes écartés de couleur orangée, avec un éperon effilé. Le labelle est divisé à la base, et chaque sépale est tourné dans une direction différente. La fleur rappelle un oiseau en vol.

Période de floraison L'été et l'automne.

Période de repos Le printemps et l'été.

Température/lumière/humidité ambiante Atmosphère tempérée. Les températures diurnes idéales oscillent entre 18 et 25 °C et les températures nocturnes entre 14 et 17 °C. L'emplacement doit être clair mais sans ensoleillement direct, car les feuilles se nécrosent facilement ; l'humidité ambiante sera au minimum de 60 %.

Culture/entretien Dans une corbeille suspendue, garnie d'un substrat laissant bien passer l'eau, constitué d'écorces grossièrement pilées ou d'osmonde. Pendant la phase de croissance, arrosez régulièrement et abondamment, faites un apport d'engrais tous les quinze jours et vaporisez fréquemment. En dehors de la période de croissance, veillez à ce que la plante reste sèche jusqu'au soir car ses feuilles se tachent facilement. Dès que les températures le permettent, elle peut être installée au jardin.

Particularités En hiver, cette orchidée supporte également l'ensoleillement direct.

INFO

Il s'agit d'une plante pour amateurs avertis. Il existe peu d'hybrides qui aient hérité de cette magnifique forme de floraison.

Stanhopea wardii

Famille/sous-famille *Orchidaceae/Vandoideae.*

Tribu/sous-tribu *Cymbidieae/Stanhopeinae.*

Genre *Stanhopea.*

Origine/propagation Amérique centrale et Amérique du Sud ; croissance épiphyte et parfois terrestre.

Développement Cette orchidée développe, à partir de ses pseudobulbes compacts, une grande feuille vert foncé, légèrement recourbée, reliée à un important réseau de racines aériennes. Les tiges florales claires et solides traversent le substrat vers le bas et portent de nombreuses fleurs de grande taille, aux formes étranges. Leur pétiole est long et elles diffusent un parfum extrêmement agréable, mais elles ne durent que quelques jours. La couleur de base, le jaune, est parsemée de points orangés sur toutes les parties de la fleur. Le labelle orangé porte des points noirs. Les pétales larges et les sépales de taille un peu plus modeste sont tournés vers l'arrière. Le labelle garni d'un éperon est trilobé et présente plusieurs parties renflées, ce qui le fait ressembler à un papillon.

Période de floraison L'été.

Période de repos Le printemps et l'été.

Température/lumière/humidité ambiante Atmosphère tempérée. Les températures diurnes idéales oscillent entre 18 et 25 °C et les températures nocturnes entre 14 et 17 °C. L'emplacement doit être clair mais sans ensoleillement direct, car les feuilles brûlent facilement ; l'humidité ambiante ne doit jamais descendre en dessous de 60 %.

Culture/entretien
Dans une corbeille suspendue garnie d'un substrat laissant bien passer l'eau, à base d'écorces ou d'osmonde. Étant donné que les fleurs traversent le substrat vers le bas, celui-ci ne doit pas être trop compact. Pendant la phase de croissance, arrosez régulièrement et abondamment, faites un apport d'engrais tous les quinze jours et vaporisez fréquemment. En dehors des périodes de croissance, contentez-vous de vaporiser la plante, mais veillez toutefois à ce qu'elle sèche avant le soir et que les bulbes ne se flétrissent pas. Au cours de cette phase de repos, la plante peut être placée dans un lieu plus frais.

Particularités En hiver, cette orchidée supporte bien l'ensoleillement direct.

INFO

Une plante pour amateurs avertis.

THUNIA ALBA

Famille/sous-famille *Orchidaceae/Epidendroideae.*

Tribu/sous-tribu *Arethuseae/Thuniiae.*

Genre *Thunia.*

Origine/propagation Nord de l'Inde, Birmanie ; croissance terrestre.

Développement Les petits troncs, qui peuvent atteindre jusqu'à 100 cm de haut, se recouvrent presque entièrement de feuilles lancéolées mesurant 15 cm. La tige florale pendante porte 5 à 10 fleurs dont la taille varie entre 5 et 7,5 cm. Les fleurs sont constituées de sépales et de pétales d'un blanc pur, lancéolés, à extrémité effilée. Le labelle, de la même teinte, arbore une forme d'entonnoir joliment ondulé sur ses bords et une gorge jaune et rosée, parfois veinée de violet lavande.

Période de floraison Le début de l'année et l'été.

Période de repos Après la chute des fleurs et des feuilles.

Température/lumière/humidité ambiante Atmosphère fraîche à tempérée. Idéalement, les températures diurnes oscillent entre 16 et 21 °C, et les températures nocturnes entre 10 et 13 °C. L'emplacement est semi-ombragé, l'humidité ambiante normale avec une bonne aération.

Culture/entretien En pot de taille moyenne avec un substrat laissant bien passer l'eau, complété par un bon système de drainage constitué d'osmonde, de sphaigne et d'écorces finement pilées ou de feuilles de bouleau. Pendant la phase de croissance, arrosez régulièrement et abondamment ; faites des apports d'engrais jusqu'à ce que les feuilles tombent. Ensuite, déterrez l'orchidée et placez-la dans un endroit sec et clair. Dès que les nouvelles pousses apparaissent, retirez les parties mortes et séchées, et rempotez la plante. Ne recommencez à arroser généreusement que lorsque les nouvelles racines mesurent plusieurs centimètres.

Particularités Cette orchidée se développe à une vitesse surprenante entre l'apparition de la première pousse et la floraison complète.

INFO

Une plante pour amateurs avertis, dont les fleurs tiennent pendant près de trois semaines.

Vanda coerulea

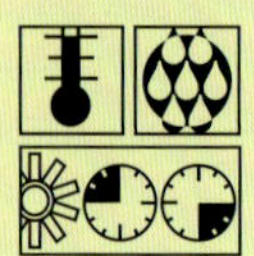

Famille/sous-famille *Orchidaceae/Vandoideae.*

Tribu/sous-tribu *Vandeae/Sarcanthinae.*

Genre *Vanda.*

Origine/propagation Nord de l'Inde, Birmanie, Thaïlande ; croissance épiphyte, lithophyte ou terrestre.

Développement Les feuilles coriaces de cette orchidée monopodiale, longues de 15 à 25 cm, sont constituées de fibres en lanières, et les nouvelles pousses se forment toujours au sommet de la plante. Sur les tiges parfois hautes de 60 cm apparaissent des fleurs de 7,5 à 10 cm, généralement bleu cobalt, par groupes de 10 à 20. Elles possèdent des sépales et des pétales ronds ainsi qu'un petit labelle trilobé, un peu plus sombre. De loin, la fleur a l'air d'être constituée de lamelles, en raison du réseau de stries qui la parcourt comme un maillage.

Période de floraison L'automne et le début de l'année.

Période de repos Après la chute des fleurs.

Température/lumière/humidité ambiante Atmosphère chaude. Idéalement, les températures diurnes oscillent entre 21 et 29 °C et les températures nocturnes entre 13 et 18 °C. L'emplacement doit être très clair avec un peu d'ensoleillement direct le matin ou l'après-midi, l'humidité ambiante forte avec une bonne aération.

Culture/entretien Dans un grand pot garni d'un substrat d'écorces ou, mieux, dans une corbeille garnie d'un substrat d'écorces et de charbon

de bois. Pendant la croissance, arrosez bien et régulièrement, faites un apport d'engrais fréquent. Au cours de la période de repos, arrosez avec plus de parcimonie. Si nécessaire, rempotez à ce moment-là. Ensuite, donnez peu d'eau jusqu'à ce que les racines soient bien développées. Les jours chauds et ensoleillés, vaporisez mais sans noyer la plante, car les racines sont très sensibles.

Une plante pour débutants avertis.

INFO

VANDA TRICOLOR

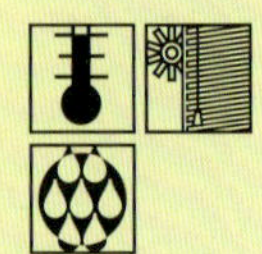

Famille/sous-famille *Orchidaceae/Vandoideae.*

Tribu/sous-tribu *Vandeae/Sarcanthinae.*

Genre *Vanda.*

Origine/propagation Java ; croissance épiphyte.

Développement À l'extrémité de cette plante monopodiale, dont la tige est parfois haute de 90 cm, apparaissent deux paires de feuilles ovales et étroites dans l'axe desquelles se développent les tiges florales, avec leurs 6 à 8 fleurs d'aspect cireux, larges d'environ 7,5 cm, blanches et garnies de points marron. Avec le temps, les feuilles les plus basses et les plus anciennes tombent, et de solides racines aériennes se développent. Les sépales blancs, de forme conique au bord ondulé, sont parsemés de points brun rougeâtre, tandis que les pétales sont d'un blanc de neige. Le labelle trilobé est marron sur toute sa surface, ou parme.

Période de floraison La fin du printemps et l'été.

Période de repos Après la chute des fleurs.

Température/lumière/humidité ambiante Atmosphère chaude. Les températures diurnes idéales oscillent entre 18 et 29 °C et les températures nocturnes entre 13 et 18 °C. Cette plante a besoin de beaucoup de lumière mais ne supporte pas l'ensoleillement direct. L'humidité ambiante doit être forte avec une bonne aération.

Culture/entretien Dans un grand pot avec un substrat complété par un bon système de drainage constitué d'écorces ou, mieux, dans une corbeille garnie d'un substrat d'écorces grossières et de charbon de bois. Pendant la phase de croissance, arrosez régulièrement et abondamment et surtout faites de nombreux apports d'engrais en été. Au cours de la période de repos, arrosez parcimonieusement et cessez tout apport d'engrais. Rempotez si nécessaire, pendant la phase de repos. Ensuite, arrosez peu jusqu'à ce que les racines se soient bien développées. Les jours chauds, vaporisez fréquemment mais évitez de noyer les racines, qui sont très sensibles.

Particularités Si le bas de la plante s'est trop dégarni, vous pouvez couper l'extrémité de la plante et la replanter directement dans le substrat.

Une plante pour débutants.

INFO

VANILLA PLANIFOLIA

Famille/sous-famille *Orchidaceae/Epidendroideae.*

Tribu/sous-tribu *Vanilleae/Vanillinae.*

Genre *Vanilla.*

Origine/propagation Amérique centrale, Antilles ; croissance terrestre, mais épiphyte au départ.

Développement Les feuilles vertes et charnues proviennent de pousses qui surgissent sur le rhizome souterrain de *Vanilla planifolia*. Les fleurs vert clair à vertes possèdent un labelle en forme d'étonnoir, très frangé sur ses bords, dont la gorge est d'un jaune intense et la base garnie d'un renflement.

Période de floraison Toute l'année.

Température/lumière/humidité ambiante Atmosphère chaude. Les températures ne doivent jamais descendre en dessous de 20 °C. L'emplacement doit être clair avec ensoleillement direct le matin et l'après-midi, l'humidité ambiante forte avec une bonne aération.

Culture/entretien Dans un pot de grande taille avec un substrat à base d'humus. Comme il est difficile de rempoter la plante quand elle a atteint une certaine taille, il vaut mieux l'installer dès le départ dans un récipient dont le volume est suffisant. Les ramifications de cette orchidée grimpante peuvent être sectionnées et replantées directement dans la terre. Les pousses peuvent également donner des boutures.

Particularités *Vanilla planifolia* est une plante grimpante ayant besoin d'espace. Elle ne fleurit que lorsque les pousses mesurent 10 à 15 m et lorsqu'elle dispose d'une lumière suffisante. Sinon il faut se contenter du spectacle de ses feuilles magnifiques.

Utilisation Cette orchidée est de la famille des vanilliers. On obtient l'épice dans ses longues gousses vertes, qui doivent être séchées et fermentées. Bien que l'arôme vanillé puisse être fabriqué de manière synthétique, la vraie vanille est toujours cultivée et récoltée dans de vastes plantations à Madagascar. C'est l'orchidée qui offre le plus grand intérêt économique.

INFO

Une plante pour débutants avertis. Elle ne peut être cultivée qu'en serre, car il lui faut vraiment beaucoup d'espace.

ZYGOPETALUM CRINITUM

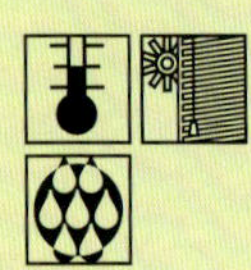

Famille/sous-famille *Orchidaceae/Vandoideae.*

Tribu/sous-tribu *Maxillarieae/Zygopetilinae.*

Genre *Zygopetalum.*

Origine/propagation Brésil ; croissance épiphyte.

Synonymes *Zygopetalum claesianum, Zygopetalum mackayi, Zygopetalum microtos, Zygopetalum pubescens, Zygopetalum stenochilum.*

Développement Le réseau dense des racines de cette orchidée nourrit les pseudobulbes ovoïdes qui donnent naissance à 3 à 5 feuilles coriaces, lancéolées et nervurées, pouvant atteindre une longueur de 60 cm. La tige florale verticale surgit dans l'axe de la première feuille qui pousse en même temps que les boutons floraux parfumés, au nombre de 5 à 8. Ceux-ci font éclore des fleurs d'une taille de 7,5 cm environ. Les sépales et les pétales verts, en forme de massues et spiralés à leur extrémité, sont striés de brun-violet et disposés en couronne autour du long labelle

blanc, strié de fines rayures violettes. La partie avant est légèrement ondulée et fendue irrégulièrement sur ses bords.

Période de floraison L'été et l'automne.

Période de repos Après la maturation des bulbes.

Température/lumière/humidité ambiante Atmosphère tempérée. Les températures maximales oscillent en été autour de 25° C et les températures hivernales autour de 14° C. L'emplacement doit être clair mais sans ensoleillement direct, l'humidité ambiante sera forte avec une bonne aération.

Culture/entretien En pot avec un substrat laissant passer l'eau, constitué d'osmonde, de sphaigne ou de fibres de bois. Arrosez bien et régulièrement, toute l'année. Faites un apport d'engrais uniquement au cours de la croissance. Après le développement, observez une courte pause pour qu'elle se repose, sans jamais laisser le substrat sécher complètement. Rempotez annuellement car les racines poussent énormément. Un séjour à l'extérieur n'est possible que pendant les mois d'été.

Particularités En cas de difficultés à faire fleurir cette orchidée, réduisez considérablement les apports d'eau et les températures tout en intensifiant la luminosité de l'emplacement.

Une plante pour débutants. **INFO**

ZYGOPETALUM INTERMEDIUM

Famille/sous-famille *Orchidaceae/Vandoideae.*

Tribu/sous-tribu *Maxillarieae/Zygopetalinae.*

Genre *Zygopetalum.*

Origine/propagation Brésil, Pérou, Bolivie ; croissance épiphyte.

Développement Le réseau dense des racines de cette orchidée nourrit les pseudobulbes ovoïdes d'environ 7,5 cm, qui donnent naissance à 3 à 5 feuilles coriaces, lancéolées et nervurées, pouvant atteindre une longueur de 60 cm. La tige florale verticale surgit dans l'axe de la première feuille qui pousse pendant la phase de croissance et donne 5 à 8 boutons floraux parfumés, d'une taille de 7,5 cm environ. Les sépales et les pétales verts, en forme de massues, légèrement recourbés vers l'extérieur, sont striés de brun-violet et disposés en éventail autour du labelle blanc, strié de fines rayures violettes. La partie avant est légèrement ondulée et ronde à hauteur des bords.

Période de floraison L'automne et l'hiver.

Période de repos Après l'apparition de nouvelles pousses, la plupart du temps en hiver.

Température/lumière/humidité ambiante Atmosphère fraîche à tempérée. En été, la température maximale est proche de 30 °C. En hiver et la nuit, elle doit être au moins de 10 °C. L'emplacement doit être semi-ombragé, l'humidité ambiante forte avec une bonne aération.

Culture/entretien En pot de taille moyenne avec un substrat laissant bien passer l'eau, complété par un bon système de drainage constitué d'écorces, d'osmonde, de sphaigne ou de fibres de bois. Arrosez régulièrement et abondamment toute l'année. Faites un apport d'engrais, mais seulement pendant la phase de croissance. Après le développement de la plante, faites-lui observer une courte période sèche de repos. Rempotez annuellement car les racines se multiplient beaucoup.

Particularités Les feuilles sont sensibles à l'eau et se cassent facilement.

INFO

Une plante pour débutants. Ces dernières années, des hybrides et des hybrides intergénériques de cette orchidée sont apparus sur le marché.

Glossaire

Aisselle Axe de la pousse, point de développement d'une feuille ou d'une fleur.

Allogamie Fécondation de la fleur par des agents extérieurs.

Anthère Partie supérieure de l'étamine dans laquelle se forment les grains de pollen et qui s'ouvre à maturité pour les laisser échapper.

Apomictique, apomixie Reproduction sexuée sans fécondation.

Autofécondation La fécondation est assurée par le propre pollen de la fleur.

Autogamie *Voir* autofécondation.

Bulbe *Voir* pseudobulbe

Cleistogamie Reproduction par le biais des fleurs qui ne s'ouvrent pas mais se fécondent avec leur propre pollen.

Clone Groupe de plantes génétiquement identiques, issues d'une fécondation non sexuelle (bouturage, division, etc.) d'une plante mère.

Colonne Du latin *columna*, également appelé gynostème. Organe est typique des orchidées. Les étamines, le stigmate et le pistil forment une petite colonne (gynostème) qui sert à hisser les anthères à la bonne hauteur pour la reproduction.

Culture par méristème Procédé sans fécondation sexuelle employé pour la culture afin d'obtenir en un court laps de temps un grand nombre de plants à élever. Lorsqu'une parcelle tissulaire du méristème est prélevée et mise en contact avec un substrat stérile, on obtient un clone.

Culture sur support Orchidées, notamment épiphytes, que l'on cultive tuteurées contre un morceau de bois ou de liège.

Diandrie Fécondation d'un ovocyte par une ou deux étamines.

Endémie Plante qui ne se développe que dans une région particulière, aux frontières étroites.

Épiphyte Plante vivant sur une autre plante vivante ou sur une structure organique sans lui dérober ses nutriments ni lui porter préjudice.

Espèce Du latin *species*. Ensemble d'individus végétaux semblables par leur aspect et leur habitat, féconds entre eux dans des circonstances naturelles favorables.

Étamine Organe sexuel mâle qui produit le pollen. Il est constitué d'une tige fine surmontée d'une anthère.

Famille Catégorie taxonomique désignant un groupe d'espèces voisines dont les propriétés caractéristiques sont identiques. Les noms de famille se terminent par *–aceae*.

Fibres de bois Elles entrent par exemple dans la composition du substrat servant à la culture de l'espèce *Dicksonia*.

Genre Du latin *genus*. Catégorie systématique par laquelle sont désignées des variétés voisines de plantes présentant des caractéristiques identiques. Lors de l'attribution du nom, le nom du genre est toujours écrit en majuscules et le nom des variétés individuelles en minuscules.

Grappe Floraison au cours de laquelle toutes les fleurs s'ouvrent en même temps.

Gynostème *Voir* colonne.

Habitat Espace vital d'un organisme, notamment influencé par le climat, le sol et la proximité d'autres organismes vivants, animaux, plantes et micro-organismes.

Habitus Port, développement et comportement général d'une plante.

Hybride Plante obtenue par le croisement de deux individus. En botanique, on parle d'hybrides intergénériques dès que les plantes proviennent de différents genres (*voir* définition), et d'hybrides d'espèces en cas de croisement de deux sujets du même genre mais de différentes espèces. Le concept d'hybride d'espèces est strictement calqué sur le principe que celui des hybrides intergénériques.

Internodal Espace, distance entre deux nœuds ou entre deux feuilles sur la tige, endroit où surgit le pédicule.

Keiki Pousse secondaire/jeune pousse des genres *Dendrobium* et *Phalaenopsis*. Ce concept est originaire d'Hawaï.

Kelch, calice Enveloppe externe du périanthe constituée des sépales, qui se différencie généralement du reste de la fleur par sa couleur et regroupe de petites feuilles vertes, les feuilles du calice.

Labelle Partie centrale de l'orchidée présentant une forme particulière et généralement une couleur différente de celle des autres pétales de la fleur. Il sert de piste d'atterrissage aux insectes butineurs et contribue très souvent à les attirer.

Lithophyte Plante qui se développe sur les falaises et les éboulis, y trouvant les nutriments ou le substrat qui lui permet de croître.

Méristème Zone de cellules à division rapide située au cœur des bourgeons et des extrémités.

Mimétisme Du grec *mimesis*. Leurre mis au point par la plante visant à la fécondation à l'aide d'insectes, également appelé parasitisme sexuel. Le labelle de certaines variétés d'orchidées imite, sans sa forme et ses couleurs, l'apparence de la femelle d'un insecte, en émettant les mêmes phéromones. L'insecte mâle attiré féconde la fleur ou dissémine au moins son pollen lors de sa tentative d'accouplement.

Glossaire

Monandrie Floraison reposant entièrement sur l'action d'une étamine féconde.

Monopodial Type de reproduction par ramification. La plante possède une pousse principale, plus développée que les autres, à partir de laquelle s'organise toute sa croissance (c'est le cas chez les *Phalaenopsis*).

Mychorhize Type d'échanges symbiotiques entre les racines d'une plante aérienne (orchidée) et le mycélium (partie végétative d'un champignon spécial) dont la fleur a besoin pour se nourrir.

Narbe, stigmate. Du latin *stigma*. Organe féminin situé à l'extrémité du pistil, renflé et gluant, qui reçoit et retient les grains de pollen mâle.

Nodus, nœud, nodule Renflement situé sur la pousse, d'où surgissent les feuilles.

Ordre alterné Présentation des feuilles sur la tige. Elles apparaissent de manière alternée de chaque côté, à intervalles réguliers.

Osmunda, osmonde Substrat constitué de racines de la fougère *Osmunda regalis* (fougère royale).

Panicule Tige florale portant plusieurs grappes de fleurs ramifiées (comme pour les lilas).

Pétales Encore appelés pétales de couronne, pétales intérieurs ou pétales intérieurs. Le labelle compte parmi les pétales : il s'agit du pétale central de la fleur.

Pollinien, pollinies Agglomérats collants de grains de pollen qui intervennant dans la reproduction de la plante. L'étamine fertile est réduite à son anthère, dans laquelle tous les grains de pollen sont agglomérés en masse : les pollinies. Il y a 5 ou 6 pollinies par sac pollinique. Ces petites boules de pollen seront transportées par les insectes et permettront la reproduction de la fleur. Lorsque les pollinies sont dotées de la même substance collante, on peut parler de pollinarium.

Pousse Partie aérienne de la plante assurant la liaison entre l'eau et les racines qui absorbent les nutriments, et donnant naissance au feuillage.

Pseudobulbe Tubercule qui donne naissance aux feuilles et aux pousses de l'orchidée, et qui ressemble à un oignon (*bulbus*). Il contient les nutriments et l'eau nécessaires au développement de la fleur.

Reproduction végétative Mode de reproduction asexué, comme la culture par méristème.

Rhizome Tige souterraine ou affleurante, généralement renflée et horizontale, faisant fonction d'organe de stockage. Elle émet des racines vers le bas et des tiges ou pousses vers le haut.

Rosette Jeune plante surgie de la base de la tige, sur la plante mère, qui possède son propre système de racines.

Saprophyte Plante vivant sur un substrat organiquement mort.
Sépales Feuilles de calice, feuilles extérieures de la fleur ou pétales extérieurs.

Sphaigne, sphagnum Improprement appelée « mousse de tourbe ». Il s'agit de résidus de plantes plus ou moins décomposées qui s'accumulent dans les tourbières et entrent souvent dans la composition du substrat des orchidées.

Subspecies/Sous-espèce Catégorie systématiquement incluse dans le genre (l'espèce), surtout chez les plantes sauvages. Les caractéristiques permettant de reconnaître une espèce sont souvent complétées par des caractéristiques secondaires, qui se perpétuent d'une plante à l'autre (abréviation : subsp.).

Substrat Substance végétale servant de support nutritif aux orchidées et remplaçant l'humus, préféré par les autres végétaux. Chaque espèce d'orchidée a besoin d'un substrat spécifique qui réponde à ses besoins et reconstitue les conditions de son cadre de vie originel.

Symbiose Cohabitation de plusieurs organismes vivants, pour le bénéfice réciproque de chacun.

Sympodial Type de croissance pour lequel le méristème terminal de l'axe porteur stoppe à un moment donné son développement. Des méristèmes latéraux prennent le relais pour un temps, et ainsi de suite.

Tépale Feuille extérieure d'une fleur, qui ne se différencie pas clairement par son aspect de la feuille du calice ou des pétales de la couronne.

Terrestre Qui pousse sur le sol.

Tribu Catégorie systématique située entre la famille ou la sous-famille et l'espèce. Souvent, plusieurs espèces présentant les mêmes caractéristiques sont regroupées en tribus.

Variété Plante qui s'est développée dans la nature et qui présente des caractéristiques peu représentatives de son espèce. Les différences sont jugées peu importantes par les botanistes, car ce sont généralement des variations dans la couleur ou dans la forme de la fleur. Toutefois, pour les hybrideurs et les horticulteurs, elles présentent souvent un grand intérêt (abréviation : var.).

Vélamen Couche supérieure constituée de cellules mortes appartenant aux racines aériennes. En raison de leur pouvoir absorbant, elles stockent temporairement l'eau et les nutriments pour la plante.

Index

Index